中华成语典故

卷三

李楠 编译

利令智昏

【成语释义】

比喻因贪利而使头脑发昏，干出失去理智的事。

【典故出处】

《史记·平原君虞卿列传》。令：使；智：理智；昏：昏乱，神志不清。

【成语故事】

平原君赵胜，是战国时赵国国君赵惠文王的弟弟。赵胜最初封于平原（赵国东境邑名，在今山东省平原县南），故称平原君。赵胜是战国时候好客的四位公子之一，以养士而负盛名，所以司马迁在《平原君虞卿列传》这篇合传里写赵胜，主要讲他跟士的关系，总共讲了四件事：一件是说平原家临近民家，有个跛子拐着去打水，平原君家美人看见了大笑不止。这个跛子要平原君斩那个美人的头。平原君没在意，不肯杀。后来，他的门客便悄悄地离去过半。这下，平原君着了急，就真的斩了那个美人的头去向跛子谢罪；第二件是为解邯郸之围，带二十位门客入楚求救；第三件是楚国与魏国救兵未到，赵国京城形势十分危急，平原君家听了李同的劝告，把自己的粮食拿出来供给战士吃，把物资拿出来造兵器，把家属编到队伍中去，组成三千敢死队，在李同率领下，挫败了秦军的凶焰；第四件是邯郸解围之后，公孙龙劝平原君不要请求封爵。

从这四件事中，可以看出，第一件说明了赵胜的无主见和软弱无能，斩美人谢罪是十分荒唐的；第二件事表现赵胜不善于识人；第三、四件事说明平原君还能接受一些好的劝告，在当时的贵族中还算较好的。

所以，司马迁说：『平原君，翩翩浊世之佳公子也。』

当然纵观平原君的一生，他的缺点远不止此。就拿赵军长平失利、邯郸之围，也都与赵胜不识大体、庸碌无能有关。那是在公元前262年（赵孝成王四年），秦韩交兵，秦军攻下韩国的野王（今河南沁阳），韩国上党（今山西上党）的通路被截断，韩上党守将冯亭把地献给赵国。平原君贪利失去理智，亲往受地。从而激怒了强秦，集中全力来进攻赵国。然而，平原君一方面贪利而招来战祸，一方面又毫无抵御强秦的措施，结果使得赵国的四十多万大军在长平全部被歼，邯郸被围，赵国差点被灭亡。所以，司马迁在为赵胜写了传记之后，评论说：『鄙语曰：「利令智昏」。平原君贪冯亭邪说，使赵陷长平兵四十万众，邯郸几亡。』

别有天地

【成语释义】

比喻另有一种境界；也用来形容艺术作品或风景引人入胜。天地：指境界。

【典故出处】

唐代李白《山中问答》诗。

【成语故事】

皖南地区的黄山，风景俊秀，千百年来，不知博得过多少诗人的讴歌和赞美。唐朝天宝十二年间（公元753年），诗仙李白曾经来到这里遨游，并写下了一些隽永飘逸的诗篇。

位于黄山西南面的碧山，好似一块璀璨晶莹的碧玉镶嵌在黄山的画屏上。它不仅是座玲珑秀丽的名山，而且还盛产一种名叫白鹇的珍禽。这种鸟，很像山鸡，体形美，羽毛洁白而润泽，唯嘴爪鲜红欲滴，十分惹人喜爱。但它栖于乔松之上，既不易捕捉，又很难畜养。李白来到碧山时，曾去访问过一位叫胡晖的山民。因为久仰李白的盛名，胡晖见了李白，便把自己养的一对珍贵的白鹇送给了李白。李白很喜欢鸟禽，得此鸟极为高兴，当即挥笔成诗《赠黄山胡公求白鹇》相谢。诗中盛赞白鹇玉翎一尘不染，秉性高洁，借以寄托自己的志趣；同时，也赞颂了胡晖与他之间的真挚友情。李白在碧山停留期间，还兴致勃勃地登上了墨岭山上的寻阳台。后来，李白在《山中问答》一诗中，更流露了他在碧山游玩乐而忘归的兴奋心情。全诗共四句：

问余何意栖碧山，笑而不答心自闲。

桃花流水窅然去，别有天地非人间。

碧山：在今安徽黟（yī）县西北面，据当时《徽州府志》记载，此地有十里桃林，每至春时，红花与绿树交映，秀丽宜人；栖：住，李白游黄山时，曾在碧山小住；窅（yǎo）：深远的样子。

诗的大意是：如果问我为什么要在碧山久久地盘桓、停留，我的心充满了说不出的欢乐的情趣。那桃花流水的风光是如此的优美，真是有别于人间的另一种新的境界。

如今，碧山人民为了对这位伟大诗人表示纪念，特意将墨岭山上的寻阳台改为『李白钓台』，并在李白当年访问胡晖向村人问路的地方，盖了『问余亭』。郭沫若同志生前来到这里游览时，写下的《黄山之歌》中也曾提道：『又闻唐时李白曾来此，碧山问路访胡晖。』

根据这个故事，后来人们便把李白的『别有天地非人间』简化为『别有天地』。

杞人忧天

【成语释义】

比喻不必要或无根据的忧虑。杞（qǐ）：古时国名；忧：担心。

【典故出处】

《列子·天瑞》。

【成语故事】

古时候，杞国（在今河南省）有一个人，老是怕天会塌下来，怕地会陷下去，那样自己便无处存身了。他忧虑得坐也不是，站也不是，觉也不敢睡，饭也不想吃。后来，他的一个朋友就开导他说：『天不过是一大团聚集起来的大气罢了，你整天都是在这大气中间活动和休息，干吗要担心它会塌下来呢？』那个人听了反而更加担忧了，说：『照你这么讲，天即使不会坠落下来，可是太阳、月亮和那些星星，不全都要落下来的吗？』朋友又解释说：『日、月、星辰，也不过是由大气积聚而成的一些会发光的东西，即使坠下来，也打不着人的。』

那人听了朋友的劝告，思考片刻，认为朋友说的也有道理，便相信了天不会塌下来。可是他还是不放心，又问，『那么地陷下去了又怎么办呢？』朋友再向他解释说：『地不过是很厚很厚的泥土石块罢了。你看东西南北，哪儿没有这些东西呢？你整天都在地上走来走去，为什么要担心它会陷下去呢？』那人听说地不会陷，才总算放下了心。

这个杞人诚然可笑，那个朋友的解释也不科学，但它的寓意却是有教育意义的。唐朝诗人李白在他的诗《梁甫吟》中就引用了这个寓言，写下了『杞国无事忧天倾』的诗句。后来人们就把这句诗简化成『杞人忧天』。

呕心沥血

【成语释义】

比喻费尽心思；也多用于比喻精心写作。呕：吐；沥：滴。

【典故出处】

唐代李商隐《李长吉小传》。

【成语故事】

李贺，字长吉，唐朝著名的诗人，福昌（今河南宜阳县）人。他出生于没落的皇族家庭，少年时候就以乐府诗歌为世人所器重。但有些忌恨他的才学的人，借口说他的父亲的名字叫晋肃，『晋』与进士的『进』同音，他应为父名避讳，不能参加进士考试。这就断绝了他求官的道路。后来只做了几年奉礼郎的九品小官，地位卑下，生活极度困难，郁郁不得志，死时才二十七岁。

李贺短暂的一生，经历了德宗、顺宗、宪宗三朝。这时候的唐王朝，藩镇割据，宦官专权，帝王昏庸，这一切所造成的苦难，都落到了劳动人民的身上，社会一片污浊、黑暗。李贺联系到自己一生遭遇的坎坷，在激愤不平的情绪之中，写出了不少反映社会现实的优秀诗篇。

李贺自幼聪明，又很刻苦勤奋，所以尽管他的一生短暂，可流传至今的诗歌就有二百多篇。相传，李贺每天作诗，一般都不是先立题目，而是每天早上骑上马，一边走一边观察构思，遇到了好的题材，随即吟咏成诗句，写在纸条上，放在背袋子里，回家以后，再整理成篇。作诗非常刻苦，『及暮归，太夫人使婢受囊出之，见所书多，辄曰：「是儿要呕出心乃已耳。」』意思是：他的母亲见李贺作诗这样勤奋，很担心他的健康，每天他外出回来时，就要叫人去看一看他的背袋子，如果见到里面的诗句多了，便要责备他：你这个孩子照这样下去，是要累坏身体、连心血都会吐出来的。

根据这个故事，后来人们就把这句话简化成『呕心沥血』。

忧心忡忡

【成语释义】

形容心事重重，十分忧愁、烦闷。忡忡（chōng）：忧虑不安。

【典故出处】

《诗经·召南·草虫》。

【成语故事】

《草虫》这首民歌，写了一个女子思念情人的忧伤以及相见时的欢乐。全诗三章，诗的第一章是：

喓喓草虫，趯趯阜螽。未见君子，忧心忡忡。亦既见止，亦既觏止，我心则降！

嘤（yāo）嘤：虫叫的声音；趯（tì）趯：跳跃；阜（fù）螽（zhōng）：古书上指蝗的幼虫，直翅目，蝗科。这章诗的大意是：『哥哥』吵吵地叫，蚱蜢蹦蹦地跳。没有见到我的心上人，愁得心里真烦躁。已经看见他啦，已经看见他啦，我才把心儿放下！

后来，『忧心忡忡』被引申为成语。

沆瀣一气

【成语释义】

比喻臭味相投的人勾结一起。沆瀣：夜间的水气。

【典故出处】

宋代王谠的《唐语林·补遗》。

【成语故事】

唐僖宗时，有一官员名叫崔沆，曾任中书侍郎等职。乾符二年（875年），他被派当主考官，主持朝廷考试事宜。这次应试的人中有一个叫崔瀣的，一经录取，就当官上任了。别人见他不但任官特快，而且所任官职也特好，待遇显然与众不同，因此不免怀疑：『崔沆和崔瀣，是有特殊关系的吧？』有人更进一步断定：『那还用说，瞧他们两个的名字就明白了！』俏皮地还加以嘲笑道：『座主门生，沆瀣一气。』

呆若木鸡

【成语释义】

形容痴呆不灵，或因恐惧、震惊引起的发愣神态。呆：傻，发愣的样子。

【典故出处】

《庄子·达生》。

【成语故事】

春秋时候，在贵族中流行一种赌博性的娱乐——斗鸡。

相传，当时有个叫纪渻（shěng）子的人，是有名的斗鸡专家，齐王特意聘请他训练和饲养斗鸡。齐王急于斗鸡取胜，纪渻子才驯养了十天，就派人去催问：『训练得怎么样了，能拿去斗了吗？』

纪渻子回答说：『还不行，那鸡一见对手，就跃跃欲试，虚骄而恃气，其实并没有什么实际本领。』

又过了十天，齐王迫不及待地又派人去问：『现在总该可以了吧！』纪渻子仍说：『还不可以。那鸡一见对手，心神相当活跃，还没有全部消除意气。』

再过了十天，齐王又派人去问。纪渻子说：『几矣。鸡虽有鸣者，已无变矣。望之似木鸡矣。其德全矣。异鸡无敢应者，反走耳。』

几矣：差不多了；异鸡：别的鸡，另外的鸡。这段话的大意是：现在可以了。那鸡一见到对手，任凭别的鸡怎样暴跳鸣叫，它好似没听见，毫无反应，呆呆地立在那里，仿佛是一只木鸡。这样的斗鸡，才算驯养到家了。别的鸡一看见它，没有敢接近的，准会转身就逃，更不要说敢跟它斗了。

果然，用这只鸡参加斗鸡，几乎每斗必胜。

根据这个故事，后来便引出了『呆若木鸡』。

弄巧成拙

【成语释义】

本想要聪明，结果做了蠢事。拙：笨拙、愚蠢。

【典故出处】

宋代黄庭坚的《拙轩图》。

【成语故事】

孙知微是北宋著名画家，以画人物为专长。

有一次，他受成都寿宁寺的委托，画一幅《九耀星君图》。他用心将图用笔勾好，人物栩栩如生，衣带飘飘，宛然仙姿，只差着色最后一道工序。恰好此时有朋友请去他饮酒，他放下笔，将画仔细看了好一会，觉得还算满意，便对弟子们说：『这幅画的线条我已全部画好，只差着色，你们须小心些，不要着错了颜色，我去朋友家有事，回来时，希望你们画好。』

孙知微走后，弟子们围住画，反复观看老师用笔的技巧和总体构图的高妙，互相交流心得。有人说：『你看那水暖星君的神态多么逼真，长髯飘洒，不怒而威。』还有的说：『菩萨脚下的祥云缭绕，真正的神姿仙态，让人肃然起敬。』

其中有一个叫童仁益的弟子，平时专门卖弄小聪明，喜欢哗众取宠，只有他一个人装模作样地一言不发。有人问他：『你为什么不说话，莫非这幅画有什么缺欠？』童仁益故作高深地说：『水暖星君身边的童子神态很传神，只是他手中的水晶瓶好像少了点东西。』众弟子说：『没发现少什么呀。』童仁益说：『老师每次画瓶子，总要在瓶中画一枝鲜花，可这次却没有。也许是急于出门，来不及画好，我们还是画好了再着色吧。』童仁益说着，在瓶口画了一枝艳丽的红莲花。

孙知微从朋友家回来，发现童子手中的瓶子生出一朵莲花，又气又笑地说：『这是谁干的蠢事，若仅仅是画蛇添足倒还罢了，这简直是弄巧成拙嘛。童子手中的瓶子，是水暖星君用来降服水怪的镇妖瓶，你们给添上莲花，把宝瓶变成了普通花瓶，岂不成了天大笑话？』说着，把画撕个粉碎。众弟子看着童仁益，默默低头不语。

声名狼藉

【成语释义】

比喻干尽坏事，臭名昭著；或形容名誉坏到了极点。声名：名誉；狼藉：旧时说群狼常藉草而卧，起来就把草踏乱来消灭痕迹，后用以形容散乱，破坏得不可收拾，即乱七八糟。

【典故出处】

《史记·蒙恬列传》。

【成语故事】

蒙恬是秦朝著名的将领。秦王朝建立以后，秦始皇就派他带领三十万人马去抗击北方匈奴的侵扰，收复了黄河南北两岸的大片土地。而后又照秦始皇的命令把过去秦、赵、燕三国原来的长城连接起来，花了多年的时间，西从临洮（今甘肃岷县）起，翻山越岭一直到东边的辽东，建成了一道万里长城。他的兄弟蒙毅也为秦始皇平定天下立下卓著战功。秦始皇死后，赵高、李斯玩弄阴谋让秦始皇的次子胡亥继位。赵高完全掌握了朝中大权。在秦始皇在世之时，赵高曾做过受贿舞弊、胡作非为的事，被秦始皇知道了，就让蒙毅去审讯这个案子。蒙毅查清了事实，判了赵高死刑。后来，经赵高向秦始皇苦苦哀求才免了他的罪。秦二世一上台，赵高就假胡亥之手，派人通知蒙毅，让他自寻死路。蒙毅申辩中，列举了秦昭襄王杀名将白起、楚平王杀贤臣伍奢、吴王夫差杀良将伍员等几件事，说明这些君王犯了错杀良臣的大错，结果是『恶声狼藉，布于诸国』，遭到人们普遍的谴责，并希望秦二世能引以为戒。但看赵高脸色行事的胡亥不听，终于杀了蒙毅。

这时蒙恬正带着三十万人马守卫北部边疆，胡亥怕他不服，又连夜派人赐死蒙恬。

根据这个故事，后来人们就引出了『声名狼藉』。

声东击西

【成语释义】

比喻表面上或口头上嚷着打这边，实际上却打那边。声：声明，宣布出来。

【典故出处】

《三国志·魏书·武帝纪》。

【成语故事】

公元200年元月，北方的大官僚地主的代表袁绍命令他的主簿陈琳写了一篇讨伐曹操的檄文，随即就把大军开进黎阳（今河南浚县东北），讨曹指挥部就设在这里。而后，就命令大将颜良率军渡过黄河，直取曹操所管辖的白马（今河南滑县东），从而揭开了历史上有名的官渡之战的序幕。

当时兵驻官渡的曹操，只有三四万人，而袁绍拥有四州（青、冀、幽、并）的大片地方，数十万人马，力量对比悬殊。战前曹操手下也有些人被袁绍的表面优势吓倒了，他们认为：『袁绍兵多地广，人才济济，同他打仗，难以取胜。』

曹操便对将士们说：『吾知绍之为人，志大而智小，色厉而胆薄，忌克而少威，兵多而分画不明，将骄而政令不一，土地虽广，粮食虽丰，适足以为吾奉也。』意思是：我深知袁绍这个人，他野心大而智谋少，表面上气势汹汹，实际上胆小怕事；忌人之能，缺少威严，兵多而使用分配不当，将领骄傲而政令不统一。所以，宽广的土地和众多的粮食，这都等于是给我们准备的。

那么，面对表面上的强敌，怎么打呢？谋士荀攸献计说：『今兵少不敌，分其势乃可。公到延津（今河南新乡市东南），若将渡兵向其后者，绍必西应之，然后轻兵袭白马，掩其不备，颜良可擒也。』意思是：我军兵少敌军强大，正面交锋难以取胜。应设法分散袁绍的兵力。曹公你领兵向延津佯作渡过黄河进攻袁绍后方，袁绍必兵向西，然后我们轻兵突袭白马，攻其不备，颜良可以擒获。

曹操完全赞同这一声东击西的作战方法，亲自引兵进向延津。袁绍果然分兵增援延津。曹操见袁绍中计，立即掉头率轻骑向东直逼白马。这时在徐州被俘的关羽仍在曹操军中。曹操厚待关羽想让他归顺自己，关羽不从，誓死不背弃刘备，并且说报效曹操后就离去。正好曹操要张辽和关羽前往白马，迎击颜良。关羽便奋勇杀敌，刺颜良于万众之中。至此，曹操采用声东击西的战法，顺利地赢得了官渡之战前哨战的胜利。

唐朝人杜佑的《通典·兵典六》也载有：『声言击东，其实击西。』意思是：善于指挥打仗的人，能灵活用兵，虽然他攻击的目标在西边，但偏要搞出攻击东边的声响，以扰乱敌人的耳目，创造打败敌人的条件。

我行我素

【成语释义】

比喻不管人家怎么议论，仍按自己平时的做法行事。素：平素。

【典故出处】

《礼记·中庸》。

【成语故事】

《中庸》，儒家的经典作品之一，是礼记中的一篇，相传为战国时子思所作。它肯定『中庸』（即指处理事情不偏不倚，无过而又无不及的态度）是道德行为的最高标准，提出『诚者不勉而中，不思而得，从容中道，圣人也』的说法，把『诚』看作是世界的根本；并提出『博学之，审问之，慎思之，明辨之，笃行之』的学习过程和认识方法。宋代程颐、朱熹把它同《大学》《论语》《孟子》并列为『四书』。

在《中庸》的第十四章里，有这样几句话：『君子素其位而行，不愿乎其外。素富贵，行乎富贵；素贫贱，行乎贫贱。』意思是：一个正人君子平素总要按照自己目前所处的地位行事，而不去做那些不符合自己身份地位的事情。处在富贵地位，就去做那些富贵人应该做的事情；处在贫穷地位，就去做那些贫穷人应该做的事情。

这是儒家的一种世界观。后来，根据这段话逐步形成了『我行我素』。

今天，这句成语的意思有了新的变化，有褒贬不同的两种用法。

劳苦功高

【成语释义】

形容历尽艰辛，出了很多力，立下了很大的功劳。

【典故出处】

《史记·项羽本纪》。

【成语故事】

在鸿门宴上，樊哙冲进营门，出现在宴席间后，项羽称赞他是『壮士』，赐他酒喝，又赐他一只生猪腿。樊哙把盾翻过来搁在地上，把生猪腿放在上面，拔出剑来切着吃。当项羽问他：『还能喝酒吗？』樊哙就趁机义正词严地责备项羽说：

『臣死且不避，卮酒安足辞！夫秦王有虎狼之心，杀人如不能举，刑人如恐不胜，天下皆叛之。怀王与诸将约曰：「先破秦入咸阳者王之。」今沛公先破秦入咸阳，毫毛不敢有所近，封闭宫室，还军霸上，以待大王来。故遣将守关者，备他盗出入与非常也。劳苦而功高如此，未有封侯之赏，而听细说，欲诛有功之人。此亡秦之续耳，窃为大王不取也！』

举：尽；胜：重；细说：小人的谗言；窃为：私下认为。

这段话的意思是：我死都不怕，一杯酒算得了什么！从前秦王心毒如虎狼，杀人唯恐不多，用刑唯恐不重，天下的人都反对他。楚怀王曾同起义的诸将约定：『先攻破秦军进入咸阳的就为关中王。』如今沛公先攻破秦军进入咸阳，连毫毛都不敢占取，封闭宫室，还军霸上，等待大王您的到来。至于他派兵守住函谷关，那是为了防备其他强盗出入和发生意外的事情。沛公这样历尽艰辛、立下了很大的功劳，没有得到封侯的奖赏，您反而听信小人的谗言，要杀掉有功之人。这种举动，可以说是在继续走已经灭亡的秦王朝的道路，我为大王打算，这样做是不可取的。

项羽自知理亏，没有回答樊哙的话，只是让樊哙坐下来。于是，樊哙就坐在了张良的旁边。宴会上的紧张气氛，一下子便消除了，刘邦才趁机得以脱身。

后来，『劳苦而功高如此』被简化引申为『劳苦功高』。

初出茅庐

【成语释义】

比喻刚刚进入社会或刚工作，缺乏经验。

【典故出处】

《三国演义》第三十九回。

【成语故事】

公元207年，经过刘备三次登门恳切邀请，诸葛亮欣然同意从隆中出来辅助刘备，做了刘备的军师。诸葛亮到刘备军中不几天，正赶上曹操派大将夏侯惇（dūn）领兵十万，朝新野打来。当时刘备兵单将少，总共只有几千人，形势非常危急。诸葛亮利用曹军骄傲轻敌的弱点，采取诱敌深入、出奇制胜的对策。他先令关羽、张飞领兵埋伏在曹军进攻新野的必经之道上；又令赵云引军迎战，只准败，不准胜，引诱其进入伏击圈。曹兵果然中计，黄昏时分，追到了芦苇遍野、树木茂密的博望坡前。一时火起，把曹军烧得乱成一团，关、张的伏兵杀将出来，把夏侯惇打得大败。

后来，有人便写下了这样的诗句：『博望相持用火攻，指挥如意笑谈中；直须惊破曹公胆，初出茅庐第一功。』来赞扬诸葛亮对这次战斗的正确指挥。

根据这个故事，后来人们引申出『初出茅庐』。

肝脑涂地

【成语释义】

形容惨死。也形容竭尽忠诚，甘愿牺牲。涂地：涂抹在地上。

【典故出处】

《史记·刘敬书孙通列传》。

【成语故事】

刘邦做了皇帝后，一个叫娄敬的人求见他。一见面，娄敬就直截了当地说：『您想在洛阳建立国都，是不是想要与周朝比一比盛况呢？』

刘邦点了点头说：『就是这个意思！』

『陛下错了，』娄敬坦率地说，『您怎么可以和周朝相比呢？周朝是以德行治理天下的，可是您起兵丰沛，大的战争有七十场，小的战争也有四十场，天下的百姓肝脑都涂在地上，男人的尸骨都暴露在野外，那数目多得数也数不清，哭声还没断，受伤的人伤还没养好，而您却要与周朝相比，在洛阳建立国都，我看这不合适。还是把国都建立在秦地长安为好，那里环山傍水，易守难攻，能容得下百万之众，可称为「天府」之地。』

刘邦听了娄敬的话，觉得很有道理。

沧海一粟

【成语释义】

比喻非常渺小。沧海：大海；粟：谷子，脱壳后叫小米。

【典故出处】

苏轼《前赤壁赋》。

【成语故事】

公元1079年（宋神宗元丰二年），北宋文学家苏轼（号东坡），被贬到黄州（今湖北黄冈）任地方上的小官吏。到公元1082年，他曾两次到黄州城内的赤鼻矶（也称赤壁）游玩，写了两篇赋，即《前赤壁赋》与《后赤壁赋》。他游览的赤壁并非三国时孙、曹、刘交兵的赤壁（今湖北嘉鱼东北），只是一时高兴，假托此地而抒发一些感想。

苏轼第一次游览赤鼻矶，那是在公元1082年7月16日。这天，他与友人一起泛舟江上，微风慢慢地吹来，江面显得平静。他们一边饮酒，一边吟诵着曹操的《短歌行》和《诗经·月出》中的诗句。大家玩得兴起，直到月亮从东边升起很高了，仍在开怀畅饮，并不断地敲着船舷唱着歌。这时，月亮正在北斗星与牵牛星之间移动；白茫茫的雾气笼罩在江面上，四野寂静，他们划的那条小船，在辽阔的江面上漂荡，飘然自得，仿佛脱离了人世，进入了仙境，于是便产生许多联想。

苏轼想到自己在政治上的遭遇，不免有些惆怅起来，想到三国时，周瑜在赤壁用兵，大破曹操几十万军队的雄伟壮举，不禁假托友人的话感叹地说：『况吾与子渔樵于江渚之上，侣鱼虾而友麋鹿，驾一叶之扁舟，举匏樽以相属。寄蜉蝣于天地，渺沧海之一粟。』

渔樵于江渚之上：比喻贬官，被流放在江湖间生活；渚：沙洲；麋（mí）：鹿的一种；扁舟：小船；匏（páo）樽：用葫芦做的酒器；相属：互相敬酒；蜉蝣：一种小飞虫，只能活几小时，这里指人生短促。这段话的意思是：今天，我和你就像打鱼和打柴的人那样生活在江中和沙洲上，成天与鱼虾麋鹿为伴，驾着小船，相互对饮。人生啊，就像生活在天地间的蜉蝣一样，十分短促；又像大海里的一粒谷子，十分渺小。

后来人们就把『沧海之一粟』简化为『沧海一粟』。

作壁上观

【成语释义】

在壁垒上观望。比喻观别人成败，不卷入其中。壁：营垒、壁垒；观：观望。

【典故出处】

语出《史记·项羽本纪》。

【成语故事】

秦朝末年，项羽与叔父项梁起兵反秦，秦二世胡亥急遣大将章邯统领大军镇压。定陶一战，楚军大败，项梁战死。章邯遂挥师攻赵，围困赵王于巨鹿。赵王向楚王紧急求救。楚王以宋义为主将，项羽为副将，率师援赵。宋义力图避开秦军锋芒，保存实力。楚军开抵安阳，竟一驻四十六天，只待秦赵厮杀两败俱伤，才挥戈出击。

项羽几番催促宋义渡河作战，宋义都不同意。宋义甚至说：『冲锋陷阵，我不如你；筹谋划策，则你不如我。』项羽一怒之下，杀了宋义，号令全军，并报告楚王。楚王命项羽为主将。

项羽亲率全军渡过漳水，旋即『破釜沉舟』，每人只发三天干粮，与秦军决一死战。此时，集结在前线的已有十几支各地的援赵部队。各路援军见秦军势大，都固守营寨，不敢轻易出战。楚军一到，立即发动猛攻。一场恶战，杀声震天。楚军将士似出山猛虎，以一当十，直杀得秦军落花流水，溃不成军。各路援军在自己营垒上看到了这一壮观场面。楚军大捷，项羽从此成为各路反秦部队的领袖。

每况愈下

【成语释义】

比喻情况越来越坏，含贬义。况：甚；愈：越。

【典故出处】

《庄子·知北游》。

【成语故事】

庄子，名周，是战国时期道家学派的领袖，战国中期著名的哲学家。他继承和发展了老子『道法自然』的观点，认为『道』是无限的，强调事物的自生自变，否认有神的主宰。他的思想包含着朴素辩证法因素。

有一次，东郭子问庄子：『你所说的「道」究竟在什么地方？』庄子回答说：『「道」是无所不在的，到处都有。』

东郭子又说：『你能不能具体地讲明它的界限，我才好了解。』庄子说：『在蝼（lóu）蚁身上。』

东郭子吃惊地问：『怎么这么低下？』庄子就从稗草、砖头、瓦块，一直说到屎尿里，都是道所存在的地方。

东郭子见庄子越说越低下，就不再问了。庄周见东郭子不高兴，便解释说：『夫子之问也，固不及质。正获之问于监市履豨（xī，古书上指猪）也，「每下愈况」。』意思是：你提出的问题，本来就没有接触到实质。我只有说得低下，才能讲清楚『道』无所不存在的道理。这正像市场上的市官（名获）问牙人，用脚踩猪来估量它的肥瘦一样，越踩在猪的最小部位，就越能看出猪的肥瘦。因为猪的小腿这个部位的肉，是最不容易长肥的。你只有不把道看成固定的东西，才能理解。没有什么道能离开事物。

邯郸学步

【成语释义】

比喻生搬硬套地模仿别人，反会弄巧成拙，闹出笑话。邯（hán）郸（dān）：战国时赵国的都城。

【典故出处】

《庄子·秋水》。

【成语故事】

邯郸是战国时期赵国的都城，据说当时邯郸人以善行而驰名各邻近的国家。他们走起路来步伐轻快，姿势威武好看。这时，燕国武陵这个地方有个年轻人，嫌弃家乡人走路的样子八字脚朝外翻，摇摆蹒跚，不好看，就决心跋山涉水到邯郸去学那里的人走路。

这个年轻人风尘仆仆来到邯郸后，上街一看，邯郸人走路果然不一般，一抬腿一伸手，都表现出高雅的风度，他就连忙跟着行人学起来。

哪知道，看起来很容易的事，做起来却很难。这个小伙子学了一段时间，总觉得越学越别扭，走起来很不自然。他想，这也许是自己按老习惯走惯了，要改起来不容易，只有彻底抛弃老步法，才能学到新姿势。于是，他又决心从头学起，每迈出一步的长短，一摆手，一扭腰，都要按邯郸人的尺寸计算着去做。虽然他硬是比着邯郸人的样子，亦步亦趋地努力学习，但结果并不美妙，他不仅没有学会新的走路姿势，反而把自己原来走路的样子都忘了。最后，当他要离开赵国回到燕国的时候，都不会走路了，只好爬着回去。

抛砖引玉

【成语释义】

比喻自己先发表粗浅的意见或文章，目的在于引出别人的高论或佳作。含自谦之意。抛：扔；玉：玉石。

【典故出处】

《历代诗话》。

【成语故事】

相传，唐朝的时候，山阴（今河南修武）人赵嘏（gǔ），诗写得好。他曾写过一首七言诗《长安晚秋》，当时的大诗人杜牧看了都很喜欢，特别是『长笛一声人倚楼』一句，更受称赞。所以，有人便叫赵嘏『赵倚楼』。

与此同时，有一个叫常建的诗人，也很喜欢赵嘏的诗，很想得到他的亲笔题诗。有一次，赵嘏要到苏州游览，常建预料他一定会到灵岩寺，于是便在寺里墙壁上写了两句诗，想让赵嘏续写下去。果然，赵嘏来到了灵岩寺，看见这两句诗，便挥笔补上两句，成了一首完整的诗。人们把前两句同后两句一比较，觉得常诗稍逊一筹，即常建比较差的诗句引出了赵嘏的好的诗句，人们便把这种做法称为『抛砖引玉』。

运筹帷幄

【成语释义】**原指在军营之中拟订作战计划；现多用来比喻筹划、指挥。运：运用；筹：策划；帷（wéi）幄（wò）：军中的帐幕。**

【典故出处】《史记·高祖本纪》。

【成语故事】楚汉相争之初，无论是他实力、社会地位，还是个人的文才武艺，刘邦比起项羽来，都有很大差距。但是，最后刘邦却打败了项羽取得了胜利。这是为什么呢？公元前202年2月3日，刘邦即了皇帝位以后，有一天，置酒洛阳南宫，他兴奋地对群臣说：『众位诸侯将领，请你们不要隐瞒我，坦率地讲一讲，我为什么能够得到天下？而项羽为什么会失败？』大臣们几乎都一致认为：『项羽妒贤嫉能，有功的人遭陷害，贤良的人被怀疑，打了胜仗不论功行赏，攻占了土地不给人与利，就是他失败的原因。』汉高祖刘邦显然是赞同这个分析的，但是他认为作为他取得胜利的原因还不全在于此，于是便对大家说：『公知其一，未知其二。夫运筹策帷帐之中，决胜于千里之外，吾不如子房（张良的字）。镇国家，抚百姓，给馈饷，不绝粮道，吾不如萧何。连百万之军，战必胜，攻必取，吾不如韩信。此三者，皆人杰也，吾能用之，此吾所以取天下也。项羽有一范增而不能用，此其所以为我擒也。』

这段话的意思是：你们只知其一，不知其二啊！要讲到运筹策划于帷帐之中，取得胜利于千里之外，我不如张良。治理国家，安抚百姓，调运粮草，我不如萧何。统率百万大军，战必胜，攻必克，我不如韩信。这三个人都是杰出人才，我的长处就在于能够任用他们，这是我能够取得天下的原因。而项羽就连手下唯有的一个范增，他都不能任用，这就是他为什么被我打败了的原因。

根据这个故事，后来人们就把『运筹策帷帐之中』简化为『运筹帷幄』。

纸上谈兵

【成语释义】

比喻只会死啃书本，夸夸其谈，不能解决任何实际问题。

【典故出处】

《史记·廉颇蔺相如列传》。

【成语故事】

赵括，是战国时赵国名将赵奢的儿子。赵括从小就学习兵法，谈论起用兵之道来滔滔不绝，便自以为天下没有人能比得上了。

有一次，他和父亲赵奢谈论起指挥作战的事情来，赵奢讲不过他，可也不夸奖他水平高。赵括的母亲不知道是什么原因，便问赵奢。赵奢担忧地说：『打仗，本来是最复杂、最危险的事情，而赵括却把指挥战争说得那么容易。赵国将来不叫他带兵便罢了，如果一定要让他带兵打仗，那么使赵国军队覆灭的，必定就是他。』

后来赵奢死了。公元前262年，秦军进攻赵国的上党，赵孝成王以廉颇为将会战于长平。初战几次，赵军连连失利，廉颇及时改变策略，修筑工事，坚守不出。这场战事一拖就是三年，秦军给养困难，有些慌乱了，便使用反间计派人混入赵国，散布流言蜚语说：『秦军谁都不怕，就怕赵括当大将。』

谣言传入深宫，赵孝成王信以为真，便想撤换廉颇起用赵括。身患重病的蔺相如听说后，连忙苦谏赵王万勿换廉颇用赵括，赵母想到赵奢生前的嘱咐，也上疏赵王，说赵括只会空谈，不知爱惜士兵，没有作战经验，不能委派重任。但赵王坚持不听，撤回廉颇，任用赵括做了大将。

赵括一到前线，就一改廉颇的作战方法，并将一大批军官撤掉了。秦国的将领白起听到这个消息后，十分高兴，就在一天夜里派出一支骑兵去偷袭赵营，随后又佯装败走，并趁机切断了赵军的粮道。赵括不知虚实，挥师就追。白起乘势把赵军拦腰切成两半。就这样，赵军被围困了四十多天，实在饿得不行了，赵括就亲自带领一支精锐部队出营与秦军拼杀，结果中箭身亡，赵军顿时大乱，四十余万士兵投降了秦军。

第二年，秦国的军队就打到了邯郸，赵国差一点就要亡国了。后来，还是靠楚国和魏国的援救，才算解了围。

对此，明朝有个翰林学士叫刘三吾，专门写诗讥笑过赵括，诗中有一句就是：『朝野犹夸纸上兵。』

赤膊上阵

【成语释义】

比喻不顾一切猛打猛冲的作风；有时也用来形容不讲策略的鲁莽行动。

【典故出处】

《三国志·吴书·诸葛恪传》。

【成语故事】

公元252年，七十一岁的吴主孙权病死了，太傅诸葛恪扶持十岁的太子孙亮继承了王位。

这个消息很快就传到了魏国的京城。这时候，司马懿已经在一年前死了，朝里掌握实权的是他的两个儿子，司马师和司马昭。大将军司马师决定抓住东吴大丧这个时机，派大将胡遵等分三路进兵江东。

当胡遵带领七万大军到东吴地界的东关（今安徽含山西南）时，正好赶上下大雪，不便攻城，便在东关城东的徐塘安营扎寨，胡遵就在大营里跟将军们喝酒取暖。忽然，士兵进来报告，说水面上朝这边划过来了二三十只战船。胡遵出去一看，都是小船，便对将士们说：『几十只小船，没有多少人马，让人看着点就是了，咱们还是喝咱们的酒吧！』

原来，这几十只小船正是东吴派出的先头部队。太傅诸葛恪听到魏兵分三路打来以后，就派老将军丁奉为先锋，带着唐咨等两万兵马和几百只战船先出发，自己也带领两万兵马，日夜赶去增援东关。

在行军途中，丁奉看见人多马多走得慢，怕魏军先到东关抢占了险要地方，自己处于被动，就让唐咨率大队随后赶来，自己带三千勇士分坐三十只船，先赶去东关。因而当丁奉的三千人到徐塘后，没见魏兵出来，立刻拨船靠岸。丁奉把手一挥，对士兵说：『大丈夫为国立功，就在今天了！』说完，就在大雪飞飘之中，摘下头盔，脱去铠甲，挎盾执刀，站在船头指挥战斗。三千勇士一看老将军都这般模样，立刻全都摘下头盔，脱去铠甲，等候命令。魏兵远远地望见大雪之中，这些人光着胳膊，裸着半个身子，天这么冷，赤膊上阵，不用打，冻也会冻僵的，不由得哈哈大笑。

这时，只见丁奉一声喊叫，带领勇士们跳上岸来，像猛虎扑食似的直冲魏军军营。魏兵没有想到丁奉会出这一招，吓得四处乱跑，有两员魏将喝得摇摇晃晃地出来应战，被丁奉一刀一个砍倒在地。最终魏军溃不成军，死伤无数，把这次东征的车辆、马匹及其他军用物资全都扔给了东吴。

纵虎归山

【成语释义】

比喻将敌放回，后患无穷。也作『放虎归山』。纵：释放。

【典故出处】

《三国演义》第二十一回。

【成语故事】

曹操挟天子以令诸侯，于是被曹操逼到许昌的汉献帝，下密诏组织一些人准备诛杀曹操。刘备是汉朝的宗室，也参与了这一秘密活动。为了避免曹操的怀疑，他常常关着大门，躲在院子里种菜，装出胸无大志的样子。谋士程昱看出刘备不是一般的人，对曹操说：『我看刘备此人志向不小，颇有英雄气概。如果现在不杀他，将来必成祸患。』

曹操拿不定主意，向另一谋士郭嘉征求意见。郭嘉认为，现在正是用人之时，刘备是英雄，失败了才投奔曹操，如果杀了他，会落得个害贤的坏名声，没有什么好处。曹操认为他说得对。

曹操灭了吕布后，刘备请求带兵攻打袁术，曹操给了他五万军马，之后刘备便离开曹操自立旗号了。

迎刃而解

【成语释义】

比喻解决问题顺利便当。

【典故出处】

《晋书·杜预传》。

【成语故事】

西晋杜陵（今陕西省西安市东南）人杜预，很受晋武帝司马炎器重，被封为镇南大将军，是荆州地区的最高军事长官。公元279年春天，西晋武帝起兵二十万，分六路进攻吴国。杜预率骑兵配合其他几路大军，只用了十天时间，就占了长江中游吴国的许多地方，并俘虏了吴军都督孙歆（xīn）等人。这时，杜预召集各路统帅开会商议下一步的军事行动，有的人认为：吴国立国江东已有百来年了，要很快灭掉它并不是一件容易的事，况且现在又涨春水，军队不便久驻，应该等到冬天，再继续大举进攻。杜预却精辟地分析说：『昔乐毅借济西一战以并强齐，今兵威已振，譬如破竹，数节之后，皆迎刃而解，无复著手处也。』意思是：从前战国时的乐毅曾率领燕国的军队伐齐国，就凭借济水以西一仗，乘胜前进并吞了强大的齐国。现在我军正士气高昂，像破竹子一样，破了几节之后，后面的都会迎刃而解了。

杜预说服了持不同意见的人，立即率军乘胜追击。果然势如破竹，吴军不战自溃。到了第二年，晋军就攻下了吴都建业（今南京），吴主孙皓投降。从此汉末以来三国鼎立的局面结束了。

八画

拔帜易帜

【成语释义】

比喻取而代之。帜：旗子。

【典故出处】

《史记·淮阴侯列传》。

【成语故事】

楚汉战争时，刘邦任命韩信为大将军，韩信不负众望，率领汉军攻占了魏国和代国，接着又在张耳的协助下带了几万兵东下井陉，攻击赵国。赵王和主将陈余在井陉口聚集二十万大军阻挡。

谋士李左军建议陈余拨给他三万军队，从小路出发，出其不意地截取汉军的后勤装备及粮食；而他的前军抵达井陉时不与交战。这样的话，不到十天就可以取下韩信和张耳的头颅。

陈余是个读书人，不爱使用诈谋奇计，认为韩信的兵不过数千，经过千里行军，已非常疲惫，可以采取直接攻击的策略，因此没有采纳李左军的计谋。

韩信手下的人探听到这个消息后，十分高兴，放心地东下井陉，进军到离井陉口30里处，韩信下令休息。半夜里，他选出两千名轻骑兵，让他们每人拿着一面红色旗帜，从小道去井陉口山后隐蔽起来，同时对他们说：『我将另派一支军队与赵军对垒，并假装败退。这样，赵军必定倾巢而出，前来追击。你们乘此机会快速进入赵营，拔掉赵军的旗帜，换上我们汉军红色的旗帜。』

接着，韩信又派出大军一万人，叫他们背水摆开阵势。赵军见汉军排出兵法上最忌讳的背水之阵，都哈哈大笑，以为汉军自己断了后路。

天刚亮，韩信指挥这一万人向井陉口进发，赵军立即打开营门迎击。战了一段时间后，韩信、张耳命汉兵丢掉旗鼓，向水边退去。汉兵退到水边阵地，再也无法后退，只得拼死作战。

这时，隐蔽在山后的两千汉兵，趁赵营无人守卫，快速冲进赵营，飞快地拔掉赵军旗帜，换上汉军红色的旗帜。而在水边作战的赵兵，因遇到背水一战的汉兵的顽强抵抗，无法取胜，想返回营地，却见那里全是汉军的红旗，以为赵王已被汉兵抓住，顿时军心大乱，各自逃命。接着，赵军受到汉军的两面夹击，结果主将陈余被杀，赵王被活捉。

拔苗助长

【成语释义】

比喻急于求成，违反了事物发展规律，反而把事情弄糟了。

【典故出处】

《孟子·公孙丑上》。

【成语故事】

战国时期鲁国邹（今山东邹县）人孟子，名轲，字子舆，是当时著名的思想家、政治家、教育家。曾受业于子思的门人，被认为是孔子学说的继承人，有『亚圣』之称，著有《孟子》七篇。他的文章气势磅礴，语言流畅，辩论深入，有说服力。

有一次，孟轲给他的学生公孙丑讲了一个故事：宋人有悯其苗之不长而揠之者，芒芒然归，谓其人曰：『今日病矣！予助苗长矣！』其子趋而往视之，苗则槁矣。

悯（mǐn）：担忧；揠（yà）：拔；芒芒然：疲倦的样子；其人：指家里人；病：疲倦；趋：快走。

这个故事的大意是：宋国有一个农夫，嫌地里的禾苗长得太慢。有一天，他到地里一棵一棵地把秧苗拔高，回到家里，疲惫不堪地对家里的人说：『今天可把我累坏了，我叫禾苗长高了好几寸。』他的儿子听了，赶快跑到地里去看，只见禾苗全部枯槁了。

后来人们根据这个故事，引出了『拔苗助长』或『揠苗助长』。

画蛇添足

【成语释义】

比喻自作聪明，凭主观想象为所欲为，添枝加叶，不但无益，反而弄巧成拙。

【典故出处】

《战国策·齐策二》。

【成语故事】

楚有祠者，赐其舍人卮酒。舍人相谓曰：『数人饮之不足，一人饮之有余。请画地为蛇，先成者饮酒。』一人蛇先成，引酒且饮之，乃左手持卮，右手画蛇曰：『吾能为之足！』未成，一人之蛇成，夺其卮曰：『蛇固无足，子安能为之足？』遂饮其酒。为蛇足者，终亡其酒。

祠：春祭；舍人：贵族、官僚家里的门客；卮（zhī）：盛酒的器皿；且：将，快要；亡：失去。

故事的大意是：战国时期，楚国有个贵族，把祭祀用过的一壶酒赏给他的几个门客。人多酒少，有人就建议说：『几个人喝不够，一个人喝就够痛快了。咱们来个画蛇比赛吧，谁先在地上把蛇画完，谁就喝这壶酒。』有一人很快地画成了蛇，他左手拿酒壶，右手又去画蛇，说：『我还能给它添上几只脚。』他的蛇脚还没画成，另有一人把蛇画好了，就夺过他手中的酒壶，说：『蛇是没有脚的，你给它添上脚，这哪是蛇呢？』说着，张口便喝了那壶酒。

给蛇添足的那个人，最终没有喝成那壶酒，只好干瞪着眼。

根据这个故事，人们便概括出了『画蛇添足』。

画龙点睛

【成语释义】

比喻说话、写文章，在关键之处用三言两语点明要旨，使全篇精辟得神。

【典故出处】

唐代张彦远《历代名画记》。

【成语故事】

南北朝时期的梁国，出了一个有名的大画家叫张僧繇，他很擅长画人物及佛像。梁武帝信奉佛教，他修建的很多寺院，都让张僧繇去作画。有一年武帝要张僧繇在金陵（今江苏省南京市）安乐寺的墙壁上画四条龙。龙画好了，简直同真的一样，活灵活现。但仔细一看，却都没有点眼珠。张僧繇解释说：『给龙点眼珠并不难，但点上了，这些龙就会破壁飞走。』人们都认为这话虚妄不足信，坚持请他点上眼珠。张僧繇推辞不过，只得拿过笔来，给两条龙点上了眼珠。霎时间，果然天空乌云密布，雷电交加，点了眼珠的龙，随即乘云腾空飞上了天，而没有点的那两条龙却仍旧在墙壁上。

画的龙，点了眼睛就会飞上天，这固然是一个荒诞的传说，但它却说明了张僧繇画龙的技巧高超。

夜郎自大

【成语释义】

比喻知识浅薄，孤陋寡闻，而又妄自尊大。

【典故出处】

《汉书·西南夷传》。

【成语故事】

西汉时期，在我国贵州省西部地区，有一个小国叫夜郎。面积相当于汉王朝的一个郡。

汉武帝时，夜郎只不过是山沟里的一个部族，四周全是高山，交通非常不方便，与中原没有来往。虽然临近夜郎的还有十几个部族，可都没有夜郎那么大。夜郎的首领竹多同也从来没有到过别的地方，他就认为天下只有他知道的那么大。既然夜郎是那个地方最大的一个部族，天底下最大的国家很自然地就是夜郎了。

公元前122年，当汉武帝派使臣去访问夜郎时，夜郎首领竹多同竟然向汉朝使者发问：『汉朝与我们夜郎究竟哪个大啊？』

夜以继日

【成语释义】

比喻不分昼夜地干事情。

【典故出处】

《孟子·离娄》。

【成语故事】

姬旦，又称周公，是西周初年的政治家，他是周文王的第四个儿子，曾协助哥哥周武王灭了商朝，后又帮助他治理天下。相传他制礼作乐，为西周王朝建立了一套典章制度。

姬旦一直以德行高尚，受到人们的敬仰。相传，在周武王生病即将去世的时候，姬旦十分焦急，他暗地写了一篇祷文，恳求上天让他代替武王生病，甚至愿代替武王去死。武王死后，成王年幼，姬旦又受命摄政，忠心耿耿地辅佐成王。他为了把国家治理得更好，常常『仰而思之，夜以继日；幸而得之，坐以待旦』。意思是：他心里装着国家的大事，经常是抬起头来就想事情，白天想不好，夜晚又接着想；猛然间想到好的办法了，便坐着等到天亮，马上就去贯彻实行。为了国家，他真是呕心沥血。

河东狮吼

【成语释义】

形容性情妒悍的妻子向丈夫发怒。

【典故出处】

宋代洪迈《容斋三笔》。

【成语故事】

苏轼在宋神宗时，因反对王安石变法，自己要求出任杭州等地的地方官；后又被人控告写诗讽刺新法，被捕入狱。出狱后于宋神宗元丰五年（公元1082年）被贬黄州（今湖北黄冈市）任团练副使。苏轼从小刻苦学习，知识广博，性情豪放，即便是在这样极为不得意的情况下，仍然乐观如常，谈笑风生，每有空余常给同伴们讲故事、说笑话。后人因此伪托其名，编了一部名叫《艾子》的笑话集。

苏轼在黄州期间，时常同朋友们游玩，到任不到一年，就两次游赤鼻矶。当时朋友中有位叫陈慥的人，常爱谈论佛学，并自称居士，苏轼常到他家去说笑话、讲故事。陈慥十分好客，朋友一来，就必定热情招待，往往说古论今至深夜，也不肯分手。可是陈慥的柳氏夫人，性格暴躁，嫉妒心又强。每当陈慥宴请朋友的时候，如有歌女在座，她便在隔壁用棍子敲打墙壁，大声吼叫，闹得大家只好散去。苏轼为此曾赋诗戏赠陈慥：

龙丘居士亦可怜，谈空说有夜不眠。

忽闻河东狮子吼，拄杖落手心茫然。

龙丘居士：陈慥的别号；谈空说有：指讲述佛经；河东：指陈慥的柳氏夫人，取柳姓望族在河东郡之意；茫然：不知如何是好的样子。

诗的大意是：你这位龙丘居士太可怜了。绘声绘色地讲起佛经来，就没完没了，连觉也不睡了。一听隔壁的狮子吼声，又吓得不知如何是好了。

后来人们根据苏轼这首玩笑诗，便引出了『河东狮吼』。

狐假虎威

【成语释义】比喻倚仗别人的权势欺压人。假：借，凭借；威：威风。

【典故出处】《战国策·楚策一》。

【成语故事】

战国中期的楚国，是一个比较强大的国家。但由于贵族的权势太大，以致出现了有的国家惧怕楚国的大贵族昭奚恤（xù）而不怕楚宣王的情况。有一天，楚宣王向大臣们问个究竟：『我听说有的国家，很怕我国的大将昭奚恤是吗？』这时，有个叫江一的大臣，给楚宣王讲了一个故事。他说：

『有一次，有只老虎饿了，正在丛林中搜寻各种野兽吃，这时得到了一只狐狸，很是欣喜。狡猾的狐狸很害怕，但它眼珠子一转，恐吓老虎说：「哼，你是不敢吃掉我的！天帝派我当百兽之王，如果你吃了我，就是违抗了天帝的旨意。」

『老虎看狐狸又小又瘦，不大相信它的话。狐狸看出老虎疑惑不解的神态，又冷笑一声说：「嘻嘻！你以为我的话不可信吗？那么我走在前面，你跟在我后面，看那些大大小小的野兽，有敢不逃跑的吗。」

于是狐狸和老虎，一前一后地走着。果然其他的野兽看见它们，都纷纷逃命，老虎看了，还真以为它们害怕狐狸，可万万没想到，它们怕的正是它自己。』

江一接着就对楚宣王说：『如今大王拥有五千里土地和百万精兵，您把军队全部交给了昭奚恤统领。

有的国家怕他，其实怕的是大王您的精兵和实力，这好比百兽怕狐狸一样。』

侧目而视

【成语释义】

形容敬畏的神态；有时也用来表示愤怒的神情。侧目：斜着眼睛；视：看。

【典故出处】

《战国策·秦策一》。

【成语故事】

战国时洛阳人苏秦，是当时著名的策士之一。开始，他先去秦国游说，是主张连横的。所谓连横，就是要秦王对齐、楚、燕、赵、魏、韩六国实行亲近，瓦解他们的联合，各个击破的策略。苏秦连续近十次上疏秦惠文王，劝他实行这样的政策，惠文王不采纳。这时，苏秦身上穿的黑貂皮皮衣也穿破了，带的一百两黄金也花光了，缺钱少物，只好离开秦国。当他绑着裹腿，穿着草鞋，十分狼狈地回到家中的时候，家里的人都瞧不起他：妻子见了仍坐在织布机上不理睬他，嫂子见了不给他做饭吃，连他的父母见了他也没有一句问候的话。此刻的苏秦啊，惭愧悔恨一齐涌上心头，他长长地叹息了一声，说：『妻子不把我当丈夫，嫂子不把我当叔叔，父母不把我当儿子，这都怨我自己不好啊！』

他决计发奋读书，立志定要有所作为。于是，就在这天夜里，苏秦把自己几十箱子的藏书，统统取出来，一一过目挑选，他终于从里边找到了姜子牙写的兵书《太公阴符》。他觉得很有用，从此一边细心地研读，一边选精摘要，进行探讨。有时夜里困了，他就用锥子刺自己的大腿，刺出的血一直流到脚背上。经过整整一年的刻苦攻读，苏秦认为自己游说的本事确实大有长进，他说：『哪有游说不动的君主，而不能使他拿出金玉锦绣赏给自己的呢？哪有游说不动的君主，而不能取得为卿做相的高贵地位的呢？』

于是他就动身走到赵国，劝说赵王实行合纵的政策。所谓合纵，就是联合六国，共同对付日益强大的秦国。赵王认为这个策略很好，便封他为武安君，让他做了相国；又赠给他一百辆兵车，一千束锦绸，一百对白璧，万镒黄金。当苏秦受封受赏后，路过洛阳，他的家人赶到城外三十多里的地方去迎接他。他的妻子见了他，恭恭敬敬地站在一边，『侧目而视，倾耳而听』。意思是：敬畏地斜着眼睛不敢正面看他，侧着耳朵听他说话。他的嫂嫂却趴在地上，向他拜了四拜，请他饶恕自己的罪过。

孤注一掷

【成语释义】

比喻在危急时刻用所有力量，做一次最后的冒险。注：赌博所下的钱；孤注：把所有的钱一并作注；掷：指赌钱时掷骰（tóu）子。

【典故出处】

《宋史·寇准传》。

【成语故事】

寇准，字平仲，北宋政治家，华州下邽（今陕西渭南）人。在宋真宗时，曾两次出任宰相。

公元1004年，北方的契丹族入侵北宋王朝。当时，朝中许多大臣都主张迁都躲避，再图别策。而任宰相的寇准却力主坚持抵抗，并建议宋真宗亲自率兵出征。真宗采纳了他的意见，出兵澶州（今河南濮阳一带），亲自上阵督战，宋军的士气一下子被激发出来，把入侵者打得大败，契丹被迫议和，从而结束了战事。此后宋真宗对他倍加重用。

可是有个叫王钦若的参知政事（副相），与寇准有私仇，嫉妒他的功劳，便在宋真宗面前说寇准的坏话，他说：『陛下，闻博乎？博者输钱欲尽，乃罄所有出之，谓之孤注。陛下，寇准之孤注也，斯亦危矣。』意思是：皇上您听说过赌博的事儿吗？赌钱的人当快要把钱输光的时候，往往就把所有的钱都押上去，最后拼一下子，这就叫作『孤注』。寇准要求您亲自去讨伐契丹，您不就成了寇准的『孤注』了吗？这真太危险了。

根据这个故事，后来人们就引出了『孤注一掷』。

孤芳自赏

【成语释义】

比喻自命清高，自我欣赏；有时也比喻自以为了不起，脱离群众。

【典故出处】

南宋张孝祥《念奴娇·过洞庭》词。

【成语故事】

南宋张孝祥是一位才华出众、意气豪迈的爱国词人。他祖籍四川简阳，后徙居历阳乌江（今安徽和县）。宋高宗绍兴二十四年（1154年）中状元。任建康留守时，极力支持张浚北伐，被弹劾落职。后复起用，曾任集英殿修撰、广南西路经略安抚使、荆南湖北路安抚使等职。他的词风格豪放，情辞慷慨。

公元1165年，张孝祥出任广南西路经略安抚使，次年被弹劾落职。他被罢职后由桂林北归，路过洞庭湖时正是中秋节的前夕，触景生情，写下了这首《念奴娇·过洞庭》词。词的上片，以生动的语言，豪放的气概，对月夜洞庭湖壮美的景象进行了形象的描绘，曲折地反映了作者对当时黑暗社会的憎恶；下片以浪漫、乐观的情趣抒写了自己坦荡的胸襟和忠贞的情操。词曰：

洞庭青草，近中秋，更无一点风色。玉鉴琼田三万顷，著我扁舟一叶。素月分辉，明河共影，表里俱澄澈。悠然心会，妙处难与君说。

应念岭表经年，孤光自照，肝胆皆冰雪，短鬓萧骚襟袖冷，稳泛沧溟空阔。尽挹西江，细斟北斗，万象为宾客。叩舷独啸，不知今夕何夕！

洞庭：洞庭湖；青草：青草湖，与洞庭湖南北相连，总名洞庭湖；鉴：镜子；明河：天河；岭表：岭外，这里指今广东、广西地区；孤光：月亮；沧溟：大海；挹（yì）：用勺子舀水；万象：万物。

词的大意是：这已经接近仲秋时节了，可洞庭湖、青草湖，还没有一点秋天的景象！是谁用碧玉琉璃铺成的这三万顷闪光的宝镜，只有我这一叶轻舟在镜面上无声地滑翔。皎洁的月光普照大地，银河倒映入水，湖上水下都被映照得晶莹透亮。让人心旷神怡、安闲舒适，美妙得简直无法用语言来形容了。

忘不了我在岭外生活的这一年。当时只有天上的明月伴着我独居异乡，照得我肝胆心胸都像冰雪一般的纯洁。如今尽管我已头发稀少，年高老迈难御秋夜的凉寒，但仍愿稳坐舱中泛游浩瀚的大海。啊，我真想把西江当成美酒，把北斗当作舀酒的斗，邀请万物作客，与共长饮。我不禁叩舷高歌：月夜啊，不知你今晚将美成什么样子！

后来，由『孤光自照，肝胆皆冰雪』引申出『孤芳自赏』。

奋不顾身

【成语释义】

比喻奋勇直前，不顾个人安危；也形容一心为公，舍己为人，勇于献身的精神。奋：奋勇；顾身：个人安危。

【典故出处】

司马迁《报任少卿书》。

【成语故事】

西汉时期著名的史学家司马迁，在思想上是信奉儒家学说的。他认为要名列君子之林，必须具有这样五种品德：修养身心、爱帮助人、与人为善、懂得耻辱、树立美名。用这个标准来看李陵，他认为李陵是当时少有的有气节的人。他给任少卿的回信里这样写道：『然仆观其为人，自守奇士：事亲孝，与士信，临财廉，取予义，分别有让，恭俭下人，常思奋不顾身，以殉国家之急。』

自守：能保持节操；分别：能区别尊卑长幼，指知礼义；有让：懂谦让；下人：居于人下。

这段话的意思是：我看李陵属于有气节的人。他对父母孝敬，与朋友交往守信用，对钱财的处理很廉洁，获取和给予都符合礼义，尊卑长幼能以礼相待，恭敬节俭，甘居人后，常想奋不顾身地去排解国家的急难。

奇货可居

【成语释义】

比喻垄断某种东西，以备博取最大的财利的行为。奇货：珍奇的东西；居：囤积。

【典故出处】

《史记·吕不韦列传》。

【成语故事】

吕不韦原是战国末年卫国的大商人。他在赵国的京都邯郸做买卖的时候，认识了秦国的王孙异人。异人是秦昭王的孙子、太子安国君的儿子。（安国君是在秦昭王在位四十年的时候，被立为太子的，当时他已经有了二十多个儿子。）异人不受安国君重视，是作为秦国人质来到邯郸的。由于秦国经常同赵国打仗，赵国就没有好好招待这位当人质的王孙，甚至连穿的、吃的也不怎么供给。然而就这个正在落难的王孙，却被吕不韦看上了，他认为『此奇货可居』。

于是吕不韦就变卖家产，拿出五百斤金子给异人在赵国广泛地结交朋友；另外拿出五百斤金子，到秦国京都游说安国君宠爱的妃子华阳夫人。这位华阳夫人，虽说深得安国君的喜爱，并封了正夫人，但她没有儿子。在吕不韦的活动下，华阳夫人收异人为嫡子，更名为子楚。

吕不韦又到邯郸四处活动，帮助子楚逃回秦国。子楚回国不久，秦昭王就死了，五十三岁的太子安国君即位，就是秦孝文王，立子楚为太子。秦孝文王即位后的第三天，大摆酒席，宴请群臣，不料宴罢回宫，突然就死去了。人们都怀疑是吕不韦害死的。接着，子楚即位，史称秦庄襄王，尊华阳夫人为太后，吕不韦一步登天地做了丞相，封为文信侯。他不仅一次性地得到了河南洛阳十万户的封地，还拥有奴婢一万多人。真是一下子得到了比他的花费多千百倍的利益。

杯水车薪

【成语释义】

比喻力量太小，无济于事。车薪：一车柴草。

【典故出处】

《孟子·告子上》。

【成语故事】

战国时候，孟子到处宣传他的『仁政』和『仁、义、礼、智』等天赋予人的道德意识。他在讲到『仁』与『义』的重要时，说：『仁，人心也；义，人路也。舍其路而弗由，放其心而不知求，哀哉。』意思是：仁是人的心，义是人的路。放弃了那条正路而不走，失去了那善良的心而不知道去找，这是很可悲的事啊！有一次，他在讲到『仁』的好处时，还说过：

『仁之胜不仁也，犹水胜火。今之为仁者，犹以一杯水救一车薪之火也；不熄，则谓之水不胜火，此又与于不仁之甚者也，亦终必亡而已矣。』

与：这里作『同』的意思；亡：消失，失去。这段话的意思是：仁能胜过不仁，这就好像水能扑灭火一样。现在有些行仁的人，正像用一杯水去救一车干柴燃起来的火，不能熄灭火焰，就说水不能扑灭火，仁不能胜过不仁。这种人甚至比不仁的人还坏，结果连他们已行的那一点点仁都会随之消失的。

后来，『犹以一杯水救一车薪之火』被简化引申为『杯水车薪』。

杯弓蛇影

【成语释义】

比喻疑神疑鬼，认假为真，自相惊扰。

【典故出处】

唐代房玄龄《晋书·乐广传》。

【成语故事】

西晋的时候，南阳淯（yù）阳（今河南南阳市）人乐广，曾任河南尹（管理京城洛阳及附近各县的长官），后来又做过尚书左仆射（相当于宰相之职）。据传说，乐广善言谈，喜交宾客，但不大会写文章。

有一次，他的一位要好的朋友，到他家做客回去后就生了一场大病。乐广听说了，感到很奇怪，便赶去探望。乐广关切地问他生了什么病，为什么会生病？朋友回答说：『前次到你家里，感谢你盛情地用酒饭招待我。我刚想喝酒，便隐隐约约地看见酒杯里有条游动的蛇，心中很害怕。不喝吧，又觉得这样会对主人不尊敬。于是喝了以后，心中非常讨厌，回到家里便生了病。』

乐广听了，将信将疑地回到了家里。他在客厅里踱来踱去，反复地思考着这究竟是什么原因。猛然间，他抬头望见厅堂壁上挂着的那张用兽角装饰的角弓，心想：是不是这张弓在作怪呢？于是，他便斟了一杯酒，放在桌上，那张弓果然投影杯中，形似小蛇在浮动。

乐广高兴极了，又请来了那位朋友，在上次喝酒的地方摆设酒席，给他满满地斟上一杯酒，问他看见了什么。朋友一看，又惊叫起来：『蛇，和原先一样的蛇！』乐广笑嘻嘻地指着墙壁上的那张角弓，把原因告诉他，朋友恍然大悟，他的病立即就痊愈了。

杯盘狼藉

【成语释义】

形容宴饮将尽或已散，桌上杯盘碗筷乱七八糟地放着。狼藉：乱七八糟的样子。

【典故出处】

《史记·滑稽列传》。

【成语故事】

齐威王八年，楚军犯境。淳于髡（kūn）出使赵国，请来援兵，退了楚兵之后，威王召淳于髡在后宫饮酒。

淳于髡怕齐威王再犯通宵喝酒的老毛病，便在威王问起他的酒量时进行讽谏，淳于髡说：『我饮一斗也醉，饮一石也醉。』威王不解，又问：『先生既然饮一斗就醉了，怎么还能再饮到一石呢？』淳于髡回答说：『赐酒大王之前，执法在傍，御史在后，髡恐惧俯伏而饮，不过一斗径醉矣……日暮酒阑，合尊促坐，男女同席，履舄交错，杯盘狼籍，堂上烛灭，主人留髡而送客，罗襦襟解，微闻芗泽，当此之时，髡心最欢，能饮一石。』

执法：执行法律的官，这里指作执行酒令的人；御史：监察行政的官，这里指监察失仪的人；俯首：低头伏地；阑：将尽，将散；尊：同『樽』，酒器；履：鞋子；舄（xì）：木底鞋；罗襦：女人服装；芗：同『香』；泽：浓厚。

这段话的意思是：在大王面前喝赏赐给我的酒，旁边有执行酒令的人，后面有监察失仪的官，我就会吓得低头伏地而饮，因此喝不了一斗就产生了醉意。如果在乡里举行宴会的时候，到日暮向晚，宴会将散，大家把余酒合盛一樽，促膝而坐，共饮一杯，男女同在席上，鞋子屐儿，满地错杂，酒杯菜盘，零零乱乱，堂上的烛光已经隐灭，主人把众客送走而留下我再饮，妇女们热得解开罗衣小襟，可以闻到阵阵香气。这个时候，我的心里最快活，就能够饮到一石。

抱残守缺

【成语释义】

原意为守住陈旧、残破的东西，不肯放弃。现多用以比喻思想保守，不肯接受新事物。

【典故出处】

清代章学诚的《文史通义·言公上》。

【成语故事】

西汉时，著名学者刘向的儿子刘歆，曾拜为黄门郎，即内廷侍从官。后来与刘向共同掌管校勘和整理典籍，进行学术研究。在校勘工作中，他阅读了不少秘藏的古籍，对一本古文《春秋左氏传》，爱不释手。经过研究，刘歆认为《左传》是一本珍贵的文献资料，便建议为《左传》等古籍建立学官。汉哀帝（刘欣）知道此事后，就命刘歆与五经博士讲论《左传》等一批古书的义理。但诸博士既不同意为《左传》等建立学官，又不肯讨论研究此事。

众博士的这种态度让刘歆很气愤，于是他给管博士的太常写了一封公文，对此提出了批评和抗议。刘歆在信中写道：这些博士不学无术，孤陋寡闻，怀着害怕别人识破他们的私意，没有服从真理的公心，所以抱残守缺，因循守旧，而不肯探求新的学问。由于刘歆的信言词痛切，引起了博士们的怨恨并因此遭受到了诽谤。后来，刘歆自请到地方做了个小官。

所向无敌

【成语释义】

形容威力特大，无人能够抵敌。所向：所到之处。无敌：指没有对手。

【典故出处】

《三国志·周瑜传》。

【成语故事】

三国时，北方的曹操势力最大，他曾威胁东吴的孙权，把儿子送往他那儿作人质。孙权的主将周瑜力劝孙权不要屈服，并鼓励孙权道：我们兵精粮足，特产富饶，交通便利，人心安定，只要充分利用这些好条件，奋发图强，定可『所向无敌』，什么困难都能克服，为什么要把自己当作他的尾巴呢？

奉公守法

【成语释义】

形容秉公办事，不违法徇私。奉：奉行；公：公务，公事。

【典故出处】

《史记·廉颇蔺相如列传》。

【成语故事】

《廉颇蔺相如列传》是合传，主要是写廉颇同蔺相如二人的事，同时也写了赵奢和他的儿子赵括，以及李牧等人。

赵奢，开始时是赵国的田部吏（主管征收田租的官员），后来因平原君赵胜的推荐，被重用，由于善于用兵，成了赵国的大将。在秦赵交兵中，他曾率军大破秦军，被封为马服君。

在赵奢任田部吏的时候，有一次征收田租，平原君家拒不交纳。赵奢就按当时的法律处理了这件事：杀了他家当权管事的九个人。对此，平原君大怒，要杀掉赵奢。赵奢对平原君说：『君于赵为贵公子，今纵君家而不奉公则法削，法削则国弱，国弱则诸侯加兵，诸侯加兵，是无赵也，君安得有此富乎！以君之贵，奉公如法则上下平，上下平则国疆；国疆则赵固，而君为贵戚，岂轻于天下邪！』

诸侯加兵：别国就会对赵国用兵；上下平：公家和私家都得到公平合理的处置。

这段话的意思是：你身为赵国的贵公子，竟纵容家人不遵守法令，国家的法令就会被削弱。法令被削弱了，国家就会衰弱，别的国家就会进攻赵国，国家就有灭亡的危险。到那时候，你哪还能有现在这样的荣华富贵呢？反之，像你这样有权势和地位的人，都能带头奉行公事，遵守法令，那么公家和私家都得到公平合理的处置，国家就能强盛；赵国强盛了，你为国之贵戚，难道还能被天下人轻视吗！

平原君听了赵奢这番话，觉得很有道理，就汇报给了赵王，说赵奢是一个贤明的人，赵奢因此得到了进一步的重用。

后来，『奉公如法则上下平』被简化引申为『奉公守法』。

孟母三迁

【成语释义】

提醒人们要重视社会环境和社会交往对子女的影响。

【典故出处】

汉赵岐《孟子题词》："孟子生有淑质，幼被慈母三迁之教。"

【成语故事】

孟子，名轲，出生于战国时期鲁国的一个没落的贵族家庭。他是战国时期著名的思想家、政治家、教育家。曾受业于子思的门人，被认为是孔子学说的继承人，有"亚圣"之称。孟子一生的成就，与他的母亲从小给以良好的教育是分不开的。

孟轲三岁丧父，贤德通达的孟母，虽然承担着生活重担，帮人浆洗、纺织，但她仍然重视教育孟轲，要他用功读书，日后成为一个有学问的人。但是幼年时期的孟轲，性情活泼、开朗，贪玩好闹，不愿受拘束。开始，孟轲的家在郊外，靠近坟场。幼小的孟轲，经常看见送葬扫墓的情景，就与一些小朋友学起"丧葬之事"来。他成天做挖坑、埋人的游戏。孟母见了，觉得这个地方不利于孩子的成长，不可久居，就决定搬家，由郊区搬进市里。

市镇本是商人聚集的地方。孟轲新家的邻居却是一个屠户，孟轲耳濡目染的是杀猪卖肉之事，于是成天迷恋于模仿屠宰的游戏。孟母感到很失望，感慨地说："这里也不适合我儿子长待啊！"就再次搬家，搬到了一所学宫附近。

靠近学宫，孟轲接触的是读书人，听到的是读书声。在浓厚的读书风气影响之下，孟轲也学着读书、行礼了。看到此情此景，孟母高兴地说："这才是我儿子可以住的地方哩！"就决定，定居在这里了。

当然，在今天看来，孟母多次搬家的原因，反映了她轻视体力劳动的思想，但她很懂得社会环境、社会交往对子女的影响，重视为子女创造和选择一个良好的学习环境，这一点很值得借鉴。

招摇过市

【成语释义】

形容故意在群众面前虚张声势地炫耀自己，以引起别人的注意。招摇：故意炫耀自己；市：街。

【典故出处】

《史记·孔子世家》。

【成语故事】

春秋末年，有一次孔子来到卫国。卫灵公的夫人南子，便派人对孔子说：『你来到我们卫国，如果愿意见见国君夫人的话，我愿意接见。』

开始，孔子婉言谢绝了，但后来还是接受了。孔子来到接见的宫殿后，便朝北磕头拜见南子。南子端坐在薄薄的帷幕后面还礼。孔子一边朝拜，一边深表歉意地说：『吾乡为弗见，见之礼答焉。』意思是：我早先没有接受你的召见，现在赔礼了。

这次孔子在卫国逗留了一个多月之久。有一天，卫灵公邀请他一同出去游玩。『灵公与夫人同车，宦者雍渠参乘，出，使孔子为次乘，招摇过市之。』

宦者：太监；雍渠：太监的姓名；参乘：陪坐。这段话的意思是：这次出游，灵公同夫人同坐在一辆车子里，只让太监雍渠陪坐在旁边，他们把孔子安排在后面的一辆车上，既威风又阔气地从市场上走了过去。

不过，孔子对这次出游很不满意，他认为卫灵公出游不应该带着夫人，更不应该把他放在比一个女人还低的地位上。他说：『吾未见好德如好色者也。』意思是：我还没有见过哪个国君爱好仁德胜过爱好女色的。一气之下，孔子便带着学生离开了卫国。

玩火自焚

【成语释义】

玩火的会烧到自己。比喻做坏事，干害人的勾当，最终将自食恶果。

【典故出处】

《左传·隐公四年》。

【成语故事】

这个故事发生在春秋初期。当时，卫国的公子州吁公然刺杀了自己的哥哥卫桓公，自己当了国君。他当政后，一方面残酷地搜刮百姓钱财，另一方面拉拢宋、陈、蔡等诸侯国一起攻打郑国，借以树立自己的威望，转移国内百姓对他的反抗情绪。

鲁国的隐公得知州吁弑兄篡位的事后，向大夫众仲道：『依你看，州吁这次夺权能够成功吗？他的国君位置能长久保住吗？』

众仲摇摇头，说：『州吁依靠武力兴兵作乱，给百姓带来灾难，百姓绝不会支持他。他如此残忍凶暴，没有亲近的人愿意跟随他。众人反对，亲信背离，要想取得成功是不可能的。』

接着，众仲又换一个角度说：『兵，就像火一样。一味地玩火而不知加以收敛和节制，结果必然自己烧死自己。依我看，等待他的将是失败。』

果然不出所料，不久卫国人在陈国的帮助下，推翻了州吁的残酷统治，并杀了州吁。

物以类聚

【成语释义】

原指各种东西都是按种类聚集在一起。现多用来比喻坏人臭味相投，凑在一起。

【典故出处】

《战国策·齐策三》。

【成语故事】

淳于髡（kūn），是战国中期齐国有名的进步的思想家。他虽然出身卑微，但能说会道，善于雄辩，深得齐威王的信任。在用人问题上，淳于髡主张任用能干事的贤才，他认为如果工作干得没有成效，就不能称为『贤者』。齐威王死后，淳于髡又辅佐宣王，齐宣王喜欢招纳贤士。有一天，淳于髡连着推荐七名贤士给宣王。

齐宣王很奇怪，对这到底是不是真正的贤士表示怀疑，便问淳于髡说：『我听说物色贤才本来是很困难的。如果能在千里方圆之内选出一个贤士，那就好似贤者多得并肩而立了；如果百年之内能出一个圣人，那就好像圣人多得犹如江河的源头，源源而来啦。你一天之内就推荐七个，这样看来，贤士岂不是太多了吗？』

淳于髡语气委婉，而又中肯地回答说：『大王，事情并不是这样的。您注意到没有，鸟儿总是同类的聚居在一块儿，野兽也总是同类的行走在一起。我们要是到洼地里去找寻柴胡、桔梗这类药材，多少年你也找不到一根；如果到睾黍、梁父两个山上找，那找到的药材可以用车子装了。「夫物各有畴」（意思是：一切事物都是同类相聚的），我淳于髡可以算得一个贤士吧，所以大王您要我推荐贤士，这好比到河里去取水，用火石打火一样，当然就容易了！』

放浪形骸

【成语释义】

比喻行为放纵，不拘小节，不受礼法的约束。放浪：放纵，无拘束；形骸：指身体。

【典故出处】

东晋王羲之《兰亭集序》。

【成语故事】

王羲之，是我国著名的书法家。东晋琅玡临沂（今山东临沂）人，居住在东晋会稽山阴（今浙江绍兴）。东晋穆帝永和九年（353年），他与谢安等四十余人聚会兰亭，饮酒赋诗，事后王羲之为汇编成集的这些诗写了序，即《兰亭集序》。

在这篇序中，作者记叙了当时的盛况，将自己对人生的看法也表露了出来。全文分三段，文章的第二段，作者在谈自己对生与死的看法时，一开头便写道：

夫人之相与，俯仰一世。或取诸怀抱，晤言一室之内；或因寄所托，放浪形骸之外。虽取舍万殊，静躁不同，当其欣于所遇，暂得于己，快然自足，曾不知老之将至。

与：相处；俯仰：一抬头一低头之间，短暂的意思；晤言：面谈；寄所：指所爱好的事物；万殊：不同。

这段话的意思是：人们在一起相处，一生的时间是短暂的。有的人与朋友一起在室内畅谈，倾吐自己的胸怀抱负；有的人则把自己的志趣寄托在所爱好的事物上，不受礼法的拘束，放纵地让自身得到享受。即使所要舍取的各不相同，性格的安静和躁动上也有所不同，但当他们对于所接触的事物感到欣喜，就会暂时得到欢乐，感到心满意足，这时候甚至连衰老将要到来都会忘记了。

在这一段里，作者还对人的寿命长短不一，但『终期于尽』『岂不痛哉』等发出了人生无常的消极感叹。后来，『放浪形骸之外』被简化引申为『放浪形骸』。

秉烛夜游

【成语释义】

指人生短暂，应及时行乐的感伤情调。

【典故出处】

唐代李白《春夜宴从弟桃花园序》；也见于《古诗十九首》：『昼短苦夜长，何不秉烛游？』

【成语故事】

在《春夜宴从弟桃花园序》文中，虽然也流露出了作者有及时行乐、人生如梦幻的感伤情绪，但纵观全篇，还是以作者热爱生活、热爱大自然的欢乐心情和积极进取的精神为主要基调。文章一开头，就写道：

夫天地者，万物之逆旅。光阴者，百代之过客。而浮生若梦，为欢几何？古人秉烛夜游，良有以也！况阳春召我以烟景，大块假我以文章。

逆旅：指旅舍；秉：执持；良：实在；有以：有道理；烟景：春天烟雾朦胧的景色；大块：这里指大自然；文章：借指秀丽的河山。

这段话的意思是：天地是什么呢？不过是万物的旅舍；时光呢？也不过是百代的匆匆过客。人生的短暂飘浮无常，就好像梦幻一般，能有多少欢乐的日子啊！古人执持蜡烛，在夜间游乐，确实是有道理的。现在，更何况明媚的春光以秀丽的景色来招引我们，大自然又给了我们这么美好的锦绣河山，我们更应该尽情地游乐！

郁郁寡欢

【成语释义】

形容心里发愁，闷闷不乐。郁郁：心里苦闷，发愁；寡：少。

【典故出处】

《楚辞·九章·抽思》。

【成语故事】

《九章》包括屈原所写的：《惜诵》《涉江》《哀郢》《抽思》《怀沙》《思美人》《惜往日》《橘颂》

《悲回风》。这九篇作品并非屈原一时所作。宋代朱熹说：『后人辑之，得其九章，合为一卷，非必出于一时之言也。』

据考证，《抽思》是屈原在楚怀王中期或后期初次被迫离开楚国的政治中心郢都，迁在汉北时所作。诗中将屈原对郢都强烈的思念表现得淋漓尽致。诗的开头四句就写道：

心郁郁之忧思兮，独永叹乎增伤。

思蹇产之不释兮，曼遭夜之方长。

永叹：长叹；增伤：愈来愈伤感；蹇（jiǎn）产：曲折；释：摆脱；曼：长。

这几句诗的大意是：心中郁郁闷闷不住地忧思悬想，暗自长声叹息让人越发忧伤。愁思紊乱萦回无法摆脱，又碰上这难以度过的漫漫长夜。

后来，『心郁郁之忧思兮，独永叹乎增伤』被简化引申为『郁郁寡欢』。

贫贱之交

【成语释义】

比喻贫困时结交的知心朋友。

【典故出处】

《后汉书·宋弘传》。

【成语故事】

东汉初年，有一个学识渊博、为人正直的人叫宋弘。他深得汉光武帝刘秀的赏识，被任为太中大夫。

刘秀的姐姐湖阳公主死了丈夫，刘秀想让她改嫁，就同湖阳公主谈论了满朝的文武大臣，想看看她爱慕哪一个。湖阳公主在满朝大臣中挑中了宋弘。可是，宋弘有妻子，于是，刘秀就召见了宋弘，试探他愿不愿休掉妻子，便对他说：『谚言贵易交，富易妻，人情乎？』意思是：俗话说，一个人如果拥有了高高的地位，就得改交一批有权势的富朋友；发了财就要易妻另娶，这可是人之常情？

宋弘听后，严肃地回答说：『臣闻贫贱之知不可忘，糟糠之妻不下堂。』意思是：我听说，一个人在贫困时结交的知心朋友，是不能忘记的；与自己共过患难甘苦的结发之妻是不能抛弃的。

刘秀见宋弘表现出这般坚定的决心，也就打消了要他休妻另娶湖阳公主的念头。

刻舟求剑

【成语释义】

比喻自己的主观认识不能跟上或适应不断变化着的客观情况，拘泥固执，不知情况会有变化。

【典故出处】

《吕氏春秋·察今》。

【成语故事】

楚国有一个人，在乘船过江的时候，一不留神，把一把随身佩带的宝剑掉到江里去了。

那人急忙在船边落下剑的地方刻出一个记号来，嘴里还不住地嘱咐自己，说：『别忘记啊，我的剑是从这儿掉下去的。』同船的人对他的这种举动都很纳闷，便问他说：『你刻的这个记号，有啥用呢？』他不以为然地回答道：『我的剑从这里掉下去的，当然就得从这里去找回来。』

等到船靠了岸，他便从刻有记号的地方跳下水去，四处捞找宝剑。结果呢？当然是白费力气。因为他连一个普通的道理都不懂得：宝剑掉水以后，船是在行走的，而剑沉在水底是不会跟着走的，在船边刻个记号，从这里去找剑，岂不是很可笑吗？

欣欣向荣

【成语释义】

原指草木长得茂盛；现多用来比喻事业蓬勃发展，繁荣兴旺。欣欣：草木茂盛的样子；荣：茂盛。

【典故出处】

东晋陶渊明《归去来辞》。

【成语故事】

陶渊明，又名潜，他在四十一岁那年，因不满官场的黑暗辞去彭泽县令后，就动身回乡隐居去了。在回乡的路上，他一边走一边想：还是辞去官职回去的好啊！要不然为了免于饥寒，违背自己的意愿去做官，让心被形体所驱使，这又怎么能不愁闷、悲伤呢？现在认识到过去已经做错了的事情，已无法不让它错了，可将来的事情还是可以挽救的。一回到家，在家人的欢迎中，连忙取出酒来一边自斟自饮，一边观赏庭院里的茂盛树木，心里真高兴啊！他走到田园里，农夫们告诉他春天已经到了，『木欣欣以向荣，泉涓涓而始流』。意思是：树木春草长得生机蓬勃，山泉小河的水细细长流。

以后，陶渊明就把他返回家乡途中的心情和到家之初的生活见闻与自己的志趣，写成了一篇《归去来辞》。后来，人们就把文中的『木欣欣以向荣』简化成『欣欣向荣』。

视若无睹

【成语释义】

形容虽然看见了，跟没看见一样，对事物漠不关心。

【典故出处】

唐代韩愈《应科目时与人书》。应科目：即参加科举考试。

【成语故事】

这是韩愈在公元793年（唐德宗贞元九年）参加博学宏词科考试时写给韦舍人的一封信。韩愈写这封信是为了让韦舍人了解自己是有才能的人，只是由于得不到推荐而处境窘困，希望能得到对方的帮助和提携。但韩愈不明说，只是在信中写了一个不同一般的鳞甲之类的『怪物』。这个『怪物』居于传说中的天池岸旁、长江的水边，它要是得到水，就能兴风作浪，上天下地都很容易；要是没有水，就只得窘困于干涸的泥沙中。这种『怪物』，自己没有办法得到水，要靠别人的帮助，以举手、抬脚的工夫帮它转移到水中。但由于它自恃与众不同，而不肯卑躬屈膝地乞求他人。『是以有力者遇之，熟视之若无睹也。其死其生，固不可知也。』意思是：因此有力量帮助它转移水中的人，尽管遇上它，但由于看惯了，也就像没有看见一样，漠不关心。

这样，它到底是死是活，也就难以预料了。

后来，『是以有力者遇之，熟视之若无睹也』被简化引申为『视若无睹』。

明目张胆

【成语释义】

比喻毫无顾忌，公开地、胆大妄为地做坏事。明目：公开地；张胆：毫无顾忌，放开胆子。

【典故出处】

《新唐书·韦思谦传》。

【成语故事】

唐高宗李治在位期间，有个监察御史叫韦思谦，他为官清正，不畏权势，敢于揭发贪官污吏和各种不法行为。有一次，他发现中书令（丞相）褚遂良用贱价强买别人的土地，便上疏告发，褚遂良因此被降为同州刺史。可是，没有过多久，褚遂良又被唐高宗重用，而韦思谦则被贬为甘肃清水县县令。韦思谦十分气愤，当时曾有人去信安慰他，要他不要介意，韦思谦激愤地说：『丈夫当敢言也，要明目张胆以报天子，焉能录录保妻子耶？』意思是：大丈夫应当敢于讲话，敢作敢为地去干一番事业，以报效国家，怎么可以庸庸碌碌地为保全自己的妻室儿女过日子呢？

后来人们根据这个故事，便引出了『明目张胆』。

国士无双

【成语释义】

比喻国家的奇士，无人可比的杰出人才。

【典故出处】

《史记·淮阴侯列传》。

【成语故事】

韩信由于项羽不听从他的进言，不肯采用他的计策，只让他当了个掌管车、骑、门户的小吏——执戟郎，所以等到汉王刘邦入蜀，韩信就离楚归汉了。开始，也仍不被重用，只当了个管理粮仓的小官。后来由于滕公夏侯婴的推举，刘邦也只让韩信当了治粟都尉（管理粮饷的军官）。

治粟都尉官职虽然不大，但韩信却有了同丞相萧何接触的机会，经过多次的谈话，韩信凭借自己的才干很受萧何赏识。但韩信见自己仍未得到新的任用，就猜想或许是萧何虽已向汉王推荐了，只是汉王不用自己，也就随着数十名将领一起逃走了。

萧何听到韩信逃走的消息，来不及报告汉王，就亲自去追赶。当萧何追回韩信后，刘邦责问他：诸将逃走的有好几十个，你都不追，为什么单单去追韩信呢？萧何回答说：

『诸将易得耳。至如信者，国士无双。王必欲长王汉中，无所事信；必欲争天下，非信无所与计事者。顾王策安所决耳。』

国士：国中杰出的人物；无双：无人可比；汉中：古郡名，治所在今陕西汉中市东，辖区大约含陕西秦岭以南一带及湖北西北部；计：计议，商量。

这段话的意思是：一般将领容易得到。至于韩信，乃国中无人可比的奇才。您如果只想长期在汉中为王，可以不用韩信；如果要争夺天下，只有韩信是可以与之计议这样的大事的人。到底该怎样决断，这就看您的了！

奄奄一息

【成语释义】

只剩下微弱的一口气。形容垂暮临终之状。奄奄：呼吸微弱，毫无生气的样子。一息：一口气。

【典故出处】

晋代李密的《陈情表》。

【成语故事】

晋朝时，李密文才卓越，很受人推崇。蜀汉灭亡后，西晋一些地方行政首脑先后推举李密为官，他都以祖母无人供养为由推辞了。不久，晋武帝又征召他为太子侍从官。他不敢不从，但更不愿离开年迈的祖母，就向晋武帝上表陈情，叙述自己的不幸身世，说明不能应征出仕的原因。这就是《陈情表》。

文中说：臣命运坎坷，早年便连遭不幸。出世刚六个月，父亲亡故。四岁那年，舅舅逼迫母亲再嫁他人。臣全靠祖母刘氏抚养长大。现在祖母年老，长年疾病缠身，久卧不起，犹如西山落日，气息奄奄，生命不长，早晨难保晚上了。臣如无祖母抚育，难有今日；祖母如果失去臣的奉养，也无法度完余年。祖孙二人，相依为命。臣今年四十四岁，祖母今年九十六岁，因此臣为陛下效力的日子长，而报答祖母的日子短呀！所以臣以这种乌鸦反哺其母的私衷，来乞求陛下准允臣为祖母养老送终。臣之辛酸困苦，乡邻官府共睹，天地神明可察。（参看『狼狈不堪』，『日薄西山』。）

文章写得委婉恳切，真挚动人。直到祖母死后，李密才出仕晋朝，官至汉中太守。

拨乱反正

【成语释义】

把颠倒了的是非、搞乱了的事情，重新恢复到正确的轨道上来；也比喻正本清源，恢复事物的本来面目。

【典故出处】

《史记·太史公自序》。

【成语故事】

太史公，即司马迁，因官太史，故如此自称。司马迁在《自序》里讲他写作《史记》的过程和宗旨，是研究司马迁及《史记》的一份重要资料。在《自序》中司马迁极力推崇《春秋》，实际上是借此来阐明自己写作《史记》的宗旨。他认为：《春秋》这部书，上能阐明夏禹、商汤、周文王等三王之道，下能分辨人世的伦理纲常，判别嫌疑纠葛，辨明是非，判断犹豫难定的事情，表彰善良，贬斥丑恶，推崇贤良，鄙视不肖之人，对恢复已经灭亡的国家，接续断绝了的世系，弥补残缺，复兴王道有重大作用。所以，『拨乱世反之正，莫近于《春秋》。《春秋》文成数万，其指数千，万物之散聚皆在《春秋》。』意思是：如果要治平乱世，回复正道，《春秋》这本书最适合了。《春秋》有数万字，数千条，万事万物的兴盛成败，或聚或散的道理都在这部书里了。

司马迁对《春秋》的评价，简直高得无边无际了。这当然是不科学、不足取的。但『拨乱反正』这个成语正出于此。

盲人摸象

【成语释义】

比喻对事物了解不全面，固执一点，乱加揣测。

【典故出处】

印度佛经《涅槃经》。

【成语故事】

相传很久以前，一个国王命令大臣牵来一头大象。让六个盲人用手去摸，然后再说出大象是什么样子。

大象一到，他们就从自己站立的地方走到象的身边去摸。盲人摸了一阵，开始说自己的感觉。

有个盲人摸到了大象长长的鼻子。他抢先说：『我知道了，原来大象不过是一根木杆。』

另一个盲人摸到了大象的大耳朵。他反驳说：『不，大象就跟大簸箕一个样儿。』

第三个盲人摸到了大象的腿。他高兴地说：『不像簸箕，也不像木杆，大象跟舂米用的石臼一个样儿。』

第四个盲人摸到大象宽宽的脊背。他不禁嚷了起来：『大象原来像张床啊！』

第五个盲人摸到了大象的头。他自信地说：『你们都错了，大象像一块大石头。』

第六个盲人摸到大象的肚皮。他比画着说：『你们说的都不对，大象明明好似一只大水缸。』

后来人们根据这个故事，就引申出了『盲人摸象』。

刮目相看

【成语释义】

不要用老眼光去看待别人，要充分地看到别人的进步。刮目：擦亮眼睛，指去掉旧的看法；相看：看待。

【典故出处】

《三国志·吴书·吕蒙传》注引《江表传》。

【成语故事】

三国时，东吴有一员大将名叫吕蒙，他十五六岁就征战疆场，三十一岁升为横野中郎将。但由于吕蒙小时家境贫苦，没有机会读书，识字不多，他带兵镇守一方，每向孙权报告军务，只能口传，不能书写，很不方便。

有一天，早朝过后，孙权遇上吕蒙和另一位将领蒋钦，就对他们说：『你们现在都掌权管事了，应该很好地读书，才能开通思路，增加见识。』

吕蒙本来就没有读书的习惯，便不以为然地回答说：『军务太忙，没有时间读书。』

孙权摇了摇头，开导他说：『你说军务忙，我不比你更忙吗？我小时候读过很多的书；统领大事以来，又读了《史记》《汉书》《东观汉记》等三史，以及各家兵书，感到很有收益。像你这样年轻，哪能不学习呢？过去汉光武皇帝领兵作战时，手不释卷，曹孟德也自称「老而好学」。你为什么不以他们为榜样来鞭策自己呢？』

在孙权的开导下，吕蒙开始发奋读书了，白天他手不释卷，夜里还要点着灯看到深夜。他要求自己读的书籍要比一般的儒生更多一些，以适应工作的需要。

一晃，几年过去了。有一次，刚刚代替了周瑜职务、当上了都督的鲁肃，路过吕蒙的防地，同他一起议论对付蜀国关羽的事。吕蒙明确地分析了两军形势，又提出了五条应变之策，讲得头头是道，颇有见地。鲁肃非常佩服，惊喜地说：『我原以为你只会武略，现在才知道你已经才略出众，学识渊博，不再是原来的吴下阿蒙了。』

吕蒙诚挚而又风趣地回答说：『士别三日，即更刮目相待。大兄今论，何一称穰侯乎！』意思是：人们三天不见面，就不能用老眼光去看待人。我们已经隔了那么多的日子了，你怎么发现情况这么迟呢？

日后，吕蒙跃马疆场，逼着蜀国大将关羽败走麦城，为孙权夺回荆州立了头功。

根据这个故事，后来人们就把吕蒙『士别三日，即更刮目相待』这句话，简化成『刮目相看』。

图穷匕见

【成语释义】

比喻事情发展到最后阶段，真相或本意就暴露出来了。匕（bǐ）：短剑；见：显露。

【典故出处】

《史记·刺客列传》。

【成语故事】

秦王嬴政在并吞六国的统一战争中，先灭掉了韩国和赵国，接着就直捣燕国。为挽救国家的危亡，燕太子丹经过周密的谋划，派刺客荆轲，带着从秦国叛逃来燕国的将军樊於期的脑袋和一卷燕国督亢（今河北涿州东南）的地图，来到秦国。荆轲把一把匕首藏在用布帛做成的地图卷里，假借献上秦王仇人的人头和割地求和的地图，而企图伺机逼迫秦王改变其进攻邻国的政策，退还侵占的土地；如果不答应，就杀死秦王。

临出发那天，太子丹又给荆轲找来一个帮手，名叫秦舞阳。荆轲走到易水河边，在跟为他送行的人告别时，他对着天长长地吐了一口气，就慷慨悲壮地唱起歌来：『风萧萧兮易水寒，壮士一去兮不复还！』然后，就拉着秦舞阳，蹦上了车，连头也不回地走了。

公元前227年，荆轲到了秦都咸阳。秦王一听说燕国的使臣送来了樊於期的头和督亢的地图，心里十分高兴，便穿上朝服，安排几个招待员，在咸阳宫隆重地接见荆轲。荆轲捧着装有樊於期头的木匣，秦舞阳捧着地图匣，一步步地走上了秦国宫殿的台阶。

秦舞阳站在秦国威严的朝堂下，不由得有些心惊胆战。秦王左右的人看见他这个样子，都很奇怪，既然是使者为什么脸变了颜色呢？荆轲镇定自若，走向前去对秦王说：『他是北方粗野的人，从来没有见过大王的威严，免不了有点害怕。』秦王对他们是否心怀歹意，也有点防备，就对荆轲说：『叫他退下去！你给我把地图拿来。』荆轲从秦舞阳手里拿过地图，把它献给秦王。秦王打开地图，荆轲就一个地方一个地方地指给秦王看。翻到末了，卷在地图里的匕首露出来了。于是，荆轲抓住秦王的衣袖，右手拿着匕首向秦王刺去。秦王一见，抬起身子使劲地向后一转，那只袖子断了，他连忙拔剑，可是因为心急慌忙，剑也太长，拔不出来。他只得绕着殿上的大铜柱子跑，荆轲紧紧地追逼着。台阶上面站着的几个文官手无寸铁；台阶下面的武士，照当时秦国的规矩没有命令不准上殿去，再说他们也被这突然的情况惊呆了。过了一会儿，几个文臣眼看情况太紧急了，便赶上去用手去打荆轲，有一个伺候秦王的医生，慌忙中把药袋砸向荆轲。趁这工夫，秦王终于拔出了身上的剑，一剑就砍断了荆轲的左腿。荆轲站立不住了，就举起匕首，向秦王投了过去，没有掷中秦王，打在铜柱子上。接着秦王又砍了荆轲几剑，秦王的卫士也赶上来就把荆轲杀死了。那个站在台阶下的秦舞阳也早被秦国的武士们剁死了。

根据这个故事，人们就引出了『图穷匕见』。

舍本求末

【成语释义】

比喻丢掉了根本的、主要的，而去追求细小的、枝节的东西；也比喻想问题、做事情，抓不住本质和主流。舍：放弃；本：根本；求：追求；末：枝节。

【典故出处】

《战国策·齐策四》。

【成语故事】

赵惠文王的妻子赵威后，是战国时期一个比较开明、贤达的妇女。她协助赵惠文王把国家治理得比较好，因而在诸侯王里有些威望。

有一次，齐襄王特意派使臣带着国书，去问候赵威后。赵威后接过国书，连看也没看，就向齐国使臣说：『贵国今年的年成好不好，没有什么灾害吧？老百姓也没有什么大的病痛、灾难吧？齐王也好吗？』

齐国使臣听了，很不满意，就说：『王后啊，我是奉齐王的命令，专程来向您问候的，按照礼仪，王后您也该先向齐王问好，现在您却先问年成的丰歉、百姓的生活，最后才提到我们齐王，这不就是抬高低贱而压低尊贵了吗？』

赵威后听后，就耐心地开导他说：『你的见解不对呀，想想看，要是没有好的年成，百姓哪能生活得下去，又哪儿还有百姓？要是没有百姓，又哪儿还有君主？』

赵威后又以强调的语气继续说：『故有问，舍本而问末者耶！』意思是：在这个问题上，如果按照过去的惯例行事，恰恰是脱开了根本而去问枝节的事情哩！我认为是不合理的。

后来，根据这个故事，人们就把赵威后那句话演变为『舍本求末』或『舍本逐末』。

卧薪尝胆

【成语释义】

比喻刻苦自励，奋发图强，艰苦奋斗的精神风貌。薪：柴草；胆：苦胆。

【典故出处】

《史记·越王勾践世家》。

【成语故事】

春秋时候在我国的东海之滨，曾有两个毗邻的诸侯国，越国和吴国。越国原来是一个不发达的小国，春秋末期才逐渐强大起来，到勾践的父亲允常当国君的时候，就与北边的吴国结下了冤仇。公元前496年，勾践继承王位的头一年，吴王阖（hé）闾乘机带兵攻打越国，被越国大将砍中右脚重伤而死。随即由他的儿子夫差继位，他立志要为父亲报仇。过了三年，夫差亲率军队进攻越国，把越王勾践围困在会稽山（今浙江绍兴）上。勾践的谋臣范蠡（lǐ）献策，让他卑辞厚礼，向吴王求和，甘愿到吴国去当臣仆。勾践夫妇来到吴国，吴王要他们住在阖闾墓旁的石屋里看墓和养马，受尽了折磨和凌辱。又过了三年，夫差见勾践一直很恭顺地服侍自己，便放他回到了越国。

勾践返回国都后，不忘旧耻，刻苦自励，奋发图强，决心把自己的国家治理好。白天，他在自己经常坐卧的地方，悬挂一个苦胆，无论坐下或是卧倒，总要仰头看着，在吃饭和饮水的时候，总要尝尝它的苦味，不时地反问自己：『勾践，你忘了在会稽山上遭受的耻辱了吗？』

夜里，他睡在柴草上，不用被褥，常常在睡觉前后，流着眼泪高喊：『会稽，会稽……』以示绝不忘记会稽失败的耻辱。

勾践还与人民群众同劳共作，同甘共苦。他亲自参加农业劳动，他的妻子也织布。他吃的菜里不许添肉，穿的衣服不讲究华丽，谦恭地对待品学兼优的士人，优厚地招待往来的宾客。他积极救济贫穷困苦的人，时常慰问有了丧事病患的人家。就这样，经过十年生聚，发展生产，积聚力量；十年教训，训练军队，武装群众，终于在公元前473年打败并灭掉了吴国。

勾践灭吴以后，又引兵北渡淮河，在徐州与北方的大国齐国、晋国会盟，并受到当时的周天子周元王的封赏，居然成为春秋后期的一代霸主。

后来，人们根据这些记载引出了『卧薪尝胆』。

空中楼阁

【成语释义】

比喻脱离实际的理论、计划或虚构的事物。

【典故出处】

佛教经籍《百喻经·三重楼喻》。

【成语故事】

从前，有一个愚蠢的富翁，他看到邻近的一个财主造了一幢宽敞明亮的三层楼房，就要工匠照样给他盖一幢楼房。

工匠们动工了。大家正忙着打地基、垒砖墙、架梁柱。财主见了，便去找订约的工匠问道：『你们这样忙活，准备干什么呀？』工匠惊奇地回答：『你不是要盖三层楼房吗？』

财主听了，急忙阻止说：『不，不，不！我只要楼房的顶层，你们只造顶层即可。你们给我盖房子，就得依我的计划，我不需要一、二层，只要第三层就够了。』

工匠耐着性子解释说：『物有本末，事有先后，盖房子不先盖第一层，就盖不起来第二层；不盖起第二层，又怎能盖起第三层呢？』可是这个固执的财主还是坚持只要盖第三层楼。人们听到了这桩奇闻，都讥笑这个蠢财主要造的这座楼阁是永远也造不起来的『空中楼阁』。

空前绝后

【成语释义】

比喻某件事情或某种艺术成就超绝古今。空前：前所未有；绝：断绝。

【典故出处】

《宣和画谱》。

【成语故事】

东晋的时候，有一个被人称为才绝、画绝、痴绝的『三绝』大画家叫顾恺之。他画人物，从来不点眼珠，有人问其原因，他说：传神之处，正在这个地方。当时有位政治家谢安夸说顾恺之的画，是自从有人类以来所没有过的。

过了些年，在南北朝时的梁国，又出了一位大画家叫张僧繇（yóu）。据说，有一次，他看见润州兴国寺佛堂的屋梁上，常有鸟筑窝，就在大殿东西两侧的墙上分别画了一只鹰和一只鹞（yào，一种凶猛的鸟，样子像鹰，比鹰小），都歪着头向外看，从此以后，小鸟就不再来了。这一传说虽有点荒唐，但说明张僧繇拥有很深的作画功夫。

到了唐朝，又出了一个被称为『画圣』的吴道子。据说，他在景玄寺中画了『地狱变相图』，不画鬼怪却阴森逼人，相传看过这幅画而改过自新的大有人在。

《宣和画谱》的作者在评论这三位画家时写道：『顾冠于前，张绝于后，而道子乃兼有之。』后来，人们就把这句话简化成『空前绝后』。

姑息养奸

【成语释义】

比喻无原则地宽容，只会助长坏人更加放肆地为非作歹，使坏事层出不穷。姑息：不该宽容而宽容；养：养成，助长；奸：坏人，为非作歹。

【典故出处】

《礼记·檀弓上》：『细人之爱人也以姑息。』细人：即小人。

【成语故事】

《柳河东集》第十九卷载有一个寓言故事。唐代永州这个地方，有一个好讲禁忌的人。他属鼠，就把老鼠看作是子神。他爱老鼠，家里从来不养猫狗，也不准别人捕捉老鼠。于是附近一带老鼠就成群结队地到他家里安居。这个人家里的器具全被老鼠咬得乱糟糟的，就连家人一日三餐也是吃老鼠嘴边剩下的饭菜。白天，一群群老鼠满屋乱跑，无拘无束地在人前追逐；夜间，则相互争殴，吱吱怪叫，让人无法入睡。就这样，这位属鼠的主人还把对老鼠照顾得不周到作为自己的憾事。

后来，这位主人搬走了。这些老鼠还以为新主人和原来的主人一样，能得到他的宠爱，活动照样猖獗。新主人看到这种情况，惊奇地说：『这是谁把这些丑类纵容到这样的地步。』立即借来五六只猫，并请人堵洞灌水，捕打灭鼠。没有花多少时间，打死的老鼠就堆成了一个小山丘，腐烂后的臭气几个月不散。

所向披靡

【成语释义】

比喻力量所到之处，什么也阻挡不了。所向：指风吹到的地方；披靡（mǐ）：草木随风倒伏。

【典故出处】

《新唐书·杜伏威传》。

【成语故事】

隋朝末年，齐州章丘（今山东章丘）人杜伏威，十六岁就参加了反对隋王朝的农民起义军。在军中他待人如同亲兄弟，作战又很勇敢，每次出战时总是冲在前头，后退时留在最后面，因此大家都很喜欢他，推他做了这支起义军的领导人。

在公元613年的一次战斗中，杜伏威率领起义军向敌人发起攻击，战斗打得很激烈，冲在前头的杜伏威不幸前额被敌人射中一箭，他指着那个放箭的敌人，发誓说：『我不杀死你，就不把箭拔出来。』说罢，『大呼冲击，众披靡，获所射将，使拔箭已，斩之。』

这段话的意思是：杜伏威发过誓之后，就大声呼喊着冲入敌阵，他打到哪里，哪里的敌人就四散奔逃，那个放箭的敌人很快就让他活捉了，他让这个俘虏把他放的那支箭从额头上拔下来，然后才把他杀掉。这一仗，在杜伏威奋勇杀敌的影响下，农民起义军人人勇猛争先，冲入敌阵，把敌人打得大败而逃。『所向披靡』就出于此。

英姿飒爽

【成语释义】

比喻神态威武严肃。

【典故出处】

唐代杜甫《丹青引赠曹将军霸》诗。丹青：绘画；引：曲调名。

【成语故事】

唐肃宗乾元二年（759年），饱经战乱、历尽艰辛的杜甫，携带家小，从秦州（今甘肃天水）辗转流离到同谷，年底进川，到了成都。

当时的四川还未遭兵戈骚扰，成都暂时还保持着比较安定繁荣的局面。杜甫从兵荒马乱、民不聊生的中原地带来到这天府之国，真像到了另一个世界，多年积压在心里的愁苦抑郁，也因之得到少许的宽解。

在成都的时候，杜甫在做司马的表弟的大力帮助下，在城西的浣花溪畔，开辟了一块一亩大的荒地，修建起一座茅屋。后来，又在这座简朴的茅屋四周种植了朋友们送来的桃树、李树、橙树和绵竹。第二年暮春时节，杜甫同家人一起住了进去，开始了他『漂泊西南天地间』的新生活。

成都坝子的春天酷似风光明媚的江南，那田园沃野上的嫩绿的麦苗，金黄的菜花，塘里的圆荷，岸边的垂柳，都带有一种迷人的色彩。曾经遭受十年饥寒、看惯满目荒凉的杜甫，看到这秀美的田园风光，触景生情，写下了许多优美的诗篇。

在这段时间里，杜甫除作诗之外，还经常来往于当时一些逃亡成都的文坛名流中间。大约在公元764年（唐肃宗乾元七年）就写过一首诗赠给当时著名画家曹霸。曹霸在唐玄宗时，曾官至左武卫将军，字画都颇有盛名，玄宗末年被贬为庶人。杜甫在写给他的《丹青引赠曹将军霸》诗中，不仅称赞曹霸的画技，也赞美他的人品。这首诗分为五段，每段八句，每八句一换韵。诗的第一段写曹霸的家世和他本人以书画继承远祖曹操的文采以及社会地位的升降；第二段写曹霸画人的技艺；第三、四段是本诗的中心，写他画马，是曹霸画中成就较高处；第五段写他的不幸遭遇和对他的安慰。这首诗的第二段八句是：

开元之中常引见，承恩数上南薰殿。
凌烟功臣少颜色，将军下笔开生面。
良相头上进贤冠，猛将腰间大羽箭。
褒公鄂公毛发动，英姿飒爽来酣战。

开元：唐玄宗前期年号；引见：皇帝召见；数（shuò）：频繁，常常；南薰殿：唐代宫中殿名；凌烟阁名，唐太宗曾命阎立本画功臣二十四人于凌烟阁上；少颜色：色彩暗淡；开生面：重新画出生动形象；贤冠：古代儒生所戴的一种帽子；大羽箭：唐太宗时特制的长箭；褒公：唐初武将段志玄，封褒国公；鄂公：唐初武将尉迟敬德，封鄂国公；来酣战：好像临阵厮杀。

这八句诗的大意是：在开元年间，玄宗皇帝经常在南薰殿召见他。当时凌烟阁上的那二十四位唐朝的开国功臣的画像，颜色已经黯淡了。曹霸接受了重画这些功臣像的任务，在他的笔下这些画像重新展示出了生动的形象。贤良的文官戴的都是贤冠，英勇善战的武将都带上大羽箭。那褒国公段志玄、鄂国公尉迟敬德的神态是多么的威武严肃，就好像在临阵厮杀似的。

后来，人们便把『英姿飒爽来酣战』简化引申为『英姿飒爽』。

取而代之

【成语释义】

比喻夺取别人的地位，自己代替他。取：夺取；代：代替。

【典故出处】

《史记·项羽本纪》。

【成语故事】

项羽名籍，他是秦末下相县（今江苏宿迁市西）人。他从小死了父亲，全靠叔父项梁把他养大成人。

项羽家祖祖辈辈都是楚国的大将，曾经封在项城（今河南项城市东北），也就姓项了。秦国灭亡楚国的时候，他的做大将的祖父，被逼自杀了。项梁老想为楚报仇，可是秦国的强大，使得他只好耐心地等待时机。

项梁见项羽少年的时候，就很聪明，便亲自教他念书、写字，但项羽不愿好好学习；项梁又教他使枪用剑，项羽学不多久，又不学了。叔父项梁骂他没有出息，项羽回答说：『认字、写字只能记记姓名罢了，学剑术只能敌得住个把人，不值得学，我要学能抵挡万人的本领。』项梁见他很有抱负，便教他学兵法，项羽很高兴。后来，项梁被人诬告抓到监狱，出狱后三拳两脚地就把诬告他的那个仇人打死了。为逃避官府的追捕，他带着项羽逃到关中。

后来，到了公元前210年，秦始皇五十岁的时候，他要去东南巡游。这回跟他出去的，除李斯和赵高等一批官员外，还有他二十岁的小儿子胡亥。当他们游览了湖北、浙江一些地方后，秦始皇特地提出要上会稽（今浙江绍兴）去祭祀据说是葬在那里的大禹。谁都知道，这位兼并六国统一中国的大皇帝，向来不相信鬼神，这回为什么突然又信起『神』来了呢？

秦始皇便向手下的人解释说：『大禹对中国的功劳实在太大了。他开大山，凿江河，把水引到大海。为了治水，活着时他整月整年地劳累，死了就葬在这儿。这样一个伟大人物还不应该祭祀吗？』

祭祀了大禹后，始皇一行路过浙江吴中（今浙江杭州市郊）回咸阳时，街道两旁挤满了观看的人群。特地同叔父项梁一起赶来看热闹的项羽，看到秦始皇车队驶过时的盛况，不禁脱口而出：『彼可取而代之。』意思是：秦始皇算什么，我也可以取代他。

项梁赶紧跨前一步，捂住他的嘴说：『不要乱讲，说这话是犯灭族之罪的。』

事后，项梁联想到项羽要『学万人敌』，便觉得他是一个不平凡的人。

取之不尽，用之不竭

【成语释义】

形容非常丰富，拿不完，用不尽。竭：尽。

【典故出处】

宋代苏轼《前赤壁赋》。

【成语故事】

苏轼因反对王安石的新法而被贬黄州（今湖北黄冈）做了地方官。公元1082年7月，他同朋友们初次到黄州赤鼻矶游览。当天夜里，明月当空，他们划着一条小船，漂荡在白茫茫的江面上。在这寂静而空旷的夜里，有位朋友忽然对人生的短暂发出了忧伤的感叹，幻想得到不可能得到的东西，要与天上的明月一起永存。苏轼听后，便开导他说：『且夫天地之间，物各有主。苟非吾之所有，虽一毫而莫取。惟江上之清风，与山间之明月，耳得之而为声，目遇之而成色，取之无禁，用之不竭；是造物者之无尽藏也，而吾与子之所共适。』

且夫：发语词，况且；苟：假设；无禁：没有谁来禁止；造物者：指天，大自然；无尽藏：无尽的宝藏；共适：共同享受。

这段话的意思是：世界上的万物都各有其归属。假如不是我应该得到的，哪怕是一星半点也不想去占有它。只有这江上的清风，山间的明月，耳朵听见就是声音，眼睛看见就是颜色。要取它没有谁来禁止，要用它也用不完。这些大自然赐予的无穷无尽的宝藏，我和你都可以共同享受。

后来，人们把『取之无禁，用之不竭』引申为『取之不尽，用之不竭』。

取长补短

【成语释义】

比喻虚心学习别人的长处，弥补自己的不足之处；也用来泛指在同类事物中汲取这个的长处来弥补那个的短处。长：长处；短：不足。

【典故出处】

《孟子·滕文公上》。

【成语故事】

大约在公元前327年（齐威王三十年），孟子由齐国来到宋国。当时的宋王偃宣称要实行仁政，孟子就要大夫戴不胜多给宋王推荐贤士。那期间，滕文公还是太子。有一次，他到楚国去，路过宋国的国都彭城（今江苏徐州市），就去会见孟子。孟子同他讲了一番人性本是善良的道理，勉励他要以尧舜之道治理国家。

隔了些时候，滕文公从楚国回来，途经彭城，又去看望孟子，孟子怕他对自己上次讲的话不明白，又告诉他一定要施仁政，天下的真理就这么一个，并引用颜渊的话来勉励他：只要下决心去做，就可以做到像贤明的舜一样。最后，孟子还说：『今滕，绝长补短，将五十里也，犹可以为善国。』绝：截断。意思是：

现在的滕国，如果截断土地长的地方，补足短的地方，拼成正方形，那么，方圆也将近五十里，只要实行仁政，还是有希望治理成一个好的国家的。

后来，『绝长补短』被引申为『取长补短』。

青出于蓝

【成语释义】

比喻学生超过老师或后人胜过前人。

【典故出处】

《荀子·劝学》：『学不可以已。青，取之于蓝，而青于蓝；冰，水为之，而寒于水。』

【成语故事】

《北史·李谧（mì）传》载有这样一个故事：南北朝时候，北魏人李谧，学习很用功，少年时就读过很多的书，人们说他『博通诸经，周览百氏』。起初，他在孔璠（fán）门下求学。孔璠的学问本来也很好，可是由于李谧十分勤奋，几年以后，他的学识就大大超过了老师。有好些事情，孔璠反过来还得向李谧求教了。为此有的同学就编了一首歌谣：『青成蓝，蓝谢青；师何常，在明经。』意思是：青色成于蓝色，蓝的不如青的。学生是老师教出来的，学生胜过了老师；老师何尝要一定比学生强，关键在于谁更精通经书上的道理。

根据这些记载和故事，后来便引出了『青出于蓝』或『青出于蓝，而胜于蓝』。

青云直上

【成语释义】

比喻某人走运，地位直线上升。青云：指青天。

【典故出处】

《史记·范雎蔡泽列传》。

【成语故事】

战国时期，魏国人范雎（jū），由于出身低微，虽然很有才能，也只在中大夫须贾门下做门客。有一次，须贾出使齐国，范雎跟随，却被须贾怀疑私通齐国，并报告了相国魏齐。魏齐一听，不问青红皂白，抓来范雎，毒打一顿，直到昏死过去，又把他扔到厕所里。后来，奄奄一息的范雎，在好心的看守和友人郑安平帮助下改名张禄，逃到秦国做了秦昭王的相国。

又过了一些年，秦昭王准备派兵伐魏，魏国听到这个消息后，便派须贾到秦国求和。范雎知道后，就穿上一身破衣服，步行到贵宾馆求见须贾。须贾看见他这般模样，吃惊地问道：『你还活着，现在在秦国干什么啊？过得好吗？』范雎回答说：『我得罪了魏齐，逃到这里给人家帮工，混得一口饭吃。』须贾看见范雎贫穷得几乎衣不蔽体、食不饱肚，便同情地一面命人摆上酒菜，请范雎同饮，一面又叫人拿来一件粗丝织成的袍子，送给范雎。在谈话间，范雎了解到须贾很想走相国张禄这个门子，以便完成出使的任务。范雎答应带他去见张禄。当范雎赶着马车载着须贾来到相府后，范雎借口先去通报相国，走进府去了。等在外面的须贾，许久未见动静，向门官一探问，才知道范雎正是张禄，当即脱下衣服，跪着爬进相府，不住向范雎磕头，连称死罪，说：『贾不意君能自致于青云之上。』意思是：我没有想到你能够靠自己升到青云之上。须贾请求饶了他的性命。后来范雎没有加害于他，要他回到魏国转告魏王，立即送来魏齐的人头，否则秦国就要踏平魏国的京都大梁。须贾狼狈地回到了魏国。

后来，『贾不意君能自致于青云之上』被简化概括为『青云直上』。

九画

怒发冲冠

【成语释义】

形容气愤到了极点。

【典故出处】

南宋岳飞《满江红》词。

【成语故事】

南宋将领岳飞自从二十岁应募从军以来，奋勇当先，屡立战功，从战士升到都统制。宋高宗建炎四年（1130年）四月，岳飞在静安镇（今江苏江宁西北）大败金兵，收复了建康（今江苏南京市）；绍兴四年（1134年）五月和绍兴六年（1136年）八月，岳飞两次率军北征，收复了襄阳、郢州、信阳等六郡。由于战功卓著，岳飞被封为武昌开国侯，这时他才三十二岁。

绍兴六年（公元1136年）十一月，岳飞奉诏从蔡州（今河南汝南县）回师鄂州（今湖北武昌）。一天，途中遇雨，岳飞便和将佐们下马步行，到附近的一座寺庙中避雨。雨过之后，岳飞登上高楼，凭栏远眺，骤雨初歇，江山如洗，树木丛丛、村落处处的平畴沃野，勾起了他的心事与回忆：他不禁想起了黄河边上被敌人占领的故乡汤阴城；想起了几年前离家时母亲在自己背上刺下的『尽忠报国』几个大字；想起了两次北征，却中途折回，年过三十，功业未成，如今大好河山仍沦于敌手，北方人民惨遭胡人铁蹄践踏，徽宗、钦宗被金人掳去的奇耻大辱至今未雪，要什么时候才能实现自己直捣金人的大后方黄龙府、恢复中原的宏愿啊？想到这里，一种为国雪耻，收复失地的愤激之情，迸发而出，不禁手拍栏杆，引吭高歌，唱出了那一首气壮山河，震古烁今的爱国辞章——《满江红》。词的上片是：

怒发冲冠，凭栏处，潇潇雨歇。抬望眼，仰天长啸，壮怀激烈。三十功名尘与土，八千里路云和月。莫等闲，白了少年头，空悲切！

潇潇：下雨的声音；啸：蹙口气发出的叫声；壮怀：奋发图强的志向；三十：指岳飞自己的年龄，已是三十二岁了；功名：个人的名位；尘与土：像尘土一样微不足道；八千里路：遥远的路程；云和月：指日日夜夜在行军、作战；等闲：轻易、随便；空悲切：白白的痛苦。

这段词的大意是：在潇潇的雨声停歇的时候，倚着高楼上的栏杆，面对投降派的不抵抗政策，真让人气愤填膺。抬起眼睛遥望远方，想起自己要奋发图强、收复失地的志向，不禁让人仰首对着天空长长叹息。三十年的功名湮没在尘土之中，八千里路披星戴月也是瞎奔忙。莫让光阴闲过，转眼少年白了头，再徒然为虚度年华而悲切。

厚颜无耻

【成语释义】

形容脸皮厚，不知羞耻。颜：脸面。

【典故出处】

《诗经·小雅·巧言》。

【成语故事】

《巧言》作于西周。这是一首揭露小人败国乱政，好人遭受排斥的叙事诗。诗的作者很可能就是一位受害者，他根据自己的见闻，描绘出这般小人的丑态和造成的危害；同时又进而指出，这些人之所以能得势，为所欲为，根子就在于周幽王『信谗』。全诗六章共四十八句。第一章写自己遭谗受害的事实；第二、三章指出当权者『信谗』是自己受害的根源；第四章称赞贤明君主能明察是非；第五、六章痛斥巧言进谗者的无耻。

诗的五、六章是：

荏染柔木，君子树之。往来行言，心焉数之。蛇蛇硕言，出自口矣。巧言如簧，颜之厚矣。

彼何人斯，居河之麋。无拳无勇，职为乱阶。既微且尰，尔勇伊何。为犹将多，尔居徒几何？

荏（rěn）染：柔弱下垂的样子；柔木：质地轻软的树木；君子：指当权者，指周幽王；树：栽种；行言：道听途说的流言；数：分辨；蛇蛇（yí）：夸夸其谈的大话；硕言：谎话；巧言如簧：说话像奏乐一样好听，比喻谗言悦耳；颜：脸皮；麋：小鹿，借喻人的地位卑下；微：通『癥』，指小腿受伤；尰（zhǒng）：脚肿病；阶：阶梯；犹：诈谋；将多：很多。

这两章诗的大意是：善于进谗的人总是装着很温顺的样子，以讨取当权者的欢心。因而对流言谗语，心里要有分辨，还要特别注意那些惯会造谣、善于恭维的无耻之徒。

那些进谗者是些什么人呢？地位既卑下，又没有本事，他的职务就是专门制造祸乱。不仅如此，还自以为勇敢，比同党者高呢！其实像你这般跛腿肿脚的人，还能讲什么勇敢。你纵然诡计多端，跟你跑的又能有几个。

后来，『颜之厚矣』被引申为『厚颜无耻』。

咫尺千里

【成语释义】

比喻虽说相距不远，但又很难相见，就像远在千里之外。咫：古代八寸为咫，合现在的市尺六寸二分二厘；咫尺：距离很近。

【典故出处】

明代史可法《燕子矶口占》诗。

【成语故事】

明末抗清英雄史可法，原籍祥符（今河南开封市）。他曾官居兵部尚书，弘光帝（朱由崧）即位，加封大学士，督师扬州抗击清军。公元1645年清军南下围攻扬州，史可法奋力抵抗，终因寡不敌众，城破后自杀未死，为清军所俘，不屈而死。在抗清时史可法率军渡江来到南京，站在燕子矶上，俯瞰大江，面对外族入侵，国家危急的形势忧心忡忡，加之公务在身，自己也没有时间去看望家中的母亲，甚为思念，于是便随口吟咏而成一首五言诗。全诗共四句：

来家不面母，咫尺犹千里。

矶头洒清泪，滴滴沉江底。

来家：回家，当时史家在南京市；不面母：没有见到母亲；矶头：指燕子矶；犹：好似。

诗的大意是：我虽然回到了家乡，却没有时间去看看母亲，虽说燕子矶离家只有咫尺之地，也像相隔千里。站在燕子矶上想到国家的忧患，不禁抛洒下清泪，一滴滴都深深地埋到大江底。

临深履薄

【成语释义】

比喻小心谨慎。临深：面临深渊；履（lǚ）薄：脚踩薄冰。

【典故出处】

《诗经·小雅·小旻》。

【成语故事】

西周末期，周幽王即位以后，生活腐朽、荒淫，打击贤才，重用坏人，把国家弄得濒临危亡。面对这种情况，统治阶级内部稍有点政治远见的人，也感到既痛心又恐惧。当时，有一位贵族便把自己的这种心情，用诗歌倾吐了出来，写成了《小旻（mín）》这首诗。全诗六章共四十八句。第一、二章写周幽王任用坏人，实行错误的政策和策略，政权眼看就要崩溃了；第三章写朝廷当权者腐败无能，无益于治好国家；第四章写朝廷背弃先王，只会听信浅薄的主张，很难成事兴业；第五章点出天下有能治理国家的贤明人才，但周幽王不任用；第六章借喻自然事物，指出国家危在旦夕，心里十分恐惧。

这首诗的第六章是：

不敢暴虎，不敢冯河。人知其一，莫知其他。战战兢兢，如临深渊，如履薄冰。

暴虎：徒手打虎；冯（píng）河：徒步渡河；其一：指暴虎、冯河；其他：借指国事危亡；战战：颤抖；兢兢：小心翼翼的样子；履：走。

这章诗的大意是：人们只知道赤手空拳去搏虎、徒步过河是危险的事，但是却不知道国家已经危在旦夕了。我一想起这样的现实来就怕得发抖，就像走到了万丈深渊的边缘，就像在薄薄的冰层上行走一样啊！

后来，『如临深渊，如履薄冰』被简化引申为『临深履薄』。

削足适履

【成语释义】

比喻做事不明智，牵强死板。也作『刖足适履』。

【典故出处】

西汉刘安的《淮南子·说林训》。

【成语故事】

有一年，楚灵王亲自率兵征伐蔡国，并占领了蔡国。楚灵王看大功告成，便派自己的弟弟弃疾留守蔡国，全权处理那里的军政要务，然后点齐十万大军继续推进，准备一举灭掉徐国。楚灵王的这个弟弟弃疾，不但品质不端，而且野心极大，不甘心仅仅充当蔡国这个小地方的首脑。

弃疾手下有个叫朝吴的谋士，这个人非常工于心计。这一天，他试探道：『现在灵王率军出征在外，国内一定空虚，你不妨在此时引兵回国，杀掉灵王的儿子，另立新君，然后由你裁决朝政，将来当国君还成问题吗？』

弃疾听了朝吴的话，率兵返回楚国，将灵王的儿子杀死了，立另一个哥哥子比为国君。楚灵王在征讨途中闻知国内有变，儿子被弟弟杀死，顿时心寒，想想活在世上没有意思，就上吊自杀了。在国内的弃疾知道楚灵王死了，马上威逼子比自杀，自立为王，他就是臭名昭著的楚平王。

晋献公宠爱骊姬，对她的话言听计从。骊姬提出要将自己所生的幼子奚齐立为太子，晋献公满口答应，并将原来的太子，自己亲生的儿子申生杀害了。骊姬将这两件事做完了，但还是深感不踏实，因为晋献公还有重耳和夷吾两个儿子。此时，这两个儿子也都已经成人，骊姬觉得这对奚齐将来继承王位都是极大的威胁，便建议杀了重耳和夷吾兄弟俩，晋献公竟欣然同意。但他们的密谋被一位正直的大臣探听到，立即转告了重耳和夷吾，二人听说后，立即分头跑到国外避难去了。

刘安在《淮南子》里评论这两件事说：『听信坏人的话，使父子、兄弟自相残杀就像砍去脚指头去适应鞋的大小一样，太不明智了。』

前功尽弃

【成语释义】

以前的功劳全部丢失。也指以前的努力全部白费。功：功劳，尽：完全；弃：丢失。

【典故出处】

《史记·周本纪》。

【成语故事】

战国末年，纵横家苏厉游说周郝王去阻止秦国的大将白起进攻魏国都城大梁，如果大梁不保，周王朝就危险了。并举楚国名将养由基百发百中的例子，前边99次都中了，只要一箭不中就前功尽弃了。

前无古人

【成语释义】

比喻从来没有过或没有做过的；也用来形容富有创造精神。

【典故出处】

唐代陈子昂《登幽州台歌》一诗。。

【成语故事】

唐代文学家陈子昂，字伯玉，公元661年出生在梓州射洪（今四川射洪）。他虽然出生于富豪之门，但年轻时就具有豪侠性格和改革政治的热情。二十四岁中进士，后为武则天所赏识，官至右拾遗。在政治上他曾针对当时弊端，提出过一些改革的主张，比如要重视农业生产，不要滥施刑罚，革除贪官污吏等，未被采纳。三十六七岁又随武攸宜东征契丹。武攸宜无率军打仗的谋略，前锋大败，陈子昂一再进谏，并自请为前驱，不但不被采纳，反而被降了职。他因为不能实现自己的政治抱负和许多主张，便于三十八岁那年辞官回乡。不久，即被县令段简陷害，死于狱中，年仅四十二岁。

就在陈子昂辞官前，曾登上幽州台，眺望战国时燕国的旧都，慨然感叹旧的城池已经荒芜，燕昭王礼贤下士所建立起来的业绩已成往事，再想到自己怀才不遇，仕途坎坷，不禁潸然泪下，吟咏成诗《登幽州台歌》。全诗四句：

前不见古人，后不见来者。

念天地之悠悠，独怆然而涕下。

古人：这里指的古代能礼贤下士的明主以及受明主赏识而建有功业的志士；悠悠：漫长，广阔；怆（chuàng）然：悲伤地。

诗的大意是：往前再也看不见那些贤明的君王以及建立过功业的名士，往后也看不见自己理想中的人。再想到天地之广阔、时日之长远，有多少人才湮没无闻，我不禁悲伤地流下了眼泪。

信誓旦旦

【成语释义】

形容誓言说得极其恳切、诚挚。信誓：诚信的誓言；旦旦：诚实的样子。

【典故出处】

《诗经·卫风·氓》。

【成语故事】

春秋时候，卫国淇水（今河南淇县内）河边，住着一个被丈夫遗弃了的女子。这个女子年轻的时候，非常漂亮，有一个男青年看上了她，甜言蜜语地向她求婚。结婚之后，这个男子又向她发誓要跟她百年偕老。男方家境不富裕，但她仍然毫无怨言地爱着自己的丈夫。过了些年，当她的容颜衰老以后，丈夫却对她进行虐待，最后竟然抛弃了她。这位女子十分痛苦，心中充满了对负心丈夫的怨恨。但她毕竟是一位坚强的女性，终于从痛苦中醒悟过来，下定决心在思想感情上同这位负心的丈夫一刀两断。后来，有人把这位女子的遭遇，以自诉的形式写成了《氓》这篇诗，作为对旧社会罪恶的一种揭露。这首叙事诗共有六章，每章十句，共六十句。诗的第一章写男子前来求婚及订婚的情景；第二章写自己的痴心及盼望成婚的心情；第三章写她一往情深地沉醉于爱情之中所引出的教训；第四章写被遗弃后的种种痛苦；第五章写在夫家受到的虐待，以及被遗弃回娘家后遭到的讥笑；第六章写从痛苦的回顾中觉醒，对男子背信弃义的怨恨，决心与氓一刀两断。

诗的第六章是：

『及尔偕老，老使我怨。淇则有岸，隰则有泮。总角之宴，言笑晏晏。信誓旦旦，不思其反。反是不思，亦已焉哉！』

及尔：与你；偕老：同到老；隰（xí）：水名，今河南的漯河，古时流经卫国境内；泮（pàn）：水边；

总角：束发，指未成年时的男女孩童；宴：欢乐；晏晏：温和，融洽；反：违反，变心；已：止，算了。

这章诗的大意是：想过去他的『要与你相爱到老』的誓言，我的怨恨更加强烈。淇水有岸，隰水有边，而他那颗心却无法捉摸。想当年小的时候，我们欢乐地在一起玩耍，婚后那一句句恳切的誓言，都记得一清二楚，可没想到他现在却变了心。他既然违背了誓言，我也就不再想别的了，从此就同他一刀两断了吧！

食言而肥

【成语释义】

形容说话不算数，不守信用，只图自己便宜。食言：将自己的话吃掉，不兑现，指假话。

【典故出处】

《左传·哀公二十五年》。

【成语故事】

春秋时，鲁国大夫孟武伯，说话一贯无信，鲁哀公对他很不满。有一次，鲁哀公在五梧举行宴会，孟武伯照例参加，有个叫郭重的大臣也在座。这郭重长得很肥胖，平时颇受哀公宠爱，因而常遭孟武伯的嫉妒和讥辱。这次孟武伯借向哀公敬酒的机会，向郭重问道：『你吃了什么东西这样肥胖啊？』

鲁哀公听了，很觉厌恶，便代替郭重答道：『食言多也，能无肥乎！』这句话分明是反过来讽刺孟武伯惯于说话不算数，而且在宴会上当着群臣之面，出于国君之口，孟武伯顿时面红耳赤，感到万分难堪。

食不甘味

【成语释义】

原意为吃东西不辨美味，形容心中忧虑或身体不好。甘味：滋味美好。

【典故出处】

《战国策·秦策三》。

【成语故事】

战国七雄中，最为强大的是秦国，它经常侵犯其他国家。

有一年，秦惠文王派使者去见楚威王，要挟说：如果楚国不服从秦国，秦国就要出兵伐楚。

楚威王闻听大怒，下令把秦国使者驱逐出境。

但楚威王又因实力不足而焦虑不安，如果强秦发兵入侵该如何办呢？

恰在这时说客苏秦（曾任赵国相国、武安侯）前来劝楚威王与赵、魏等国联合起来抗秦。

楚威王一听，十分高兴，说：『非常感谢你的妙计，我正为这件事「卧不安席，食不甘味」呢，现在就按你的计策去做。』

春风得意

【成语释义】

比喻办事如意，兴奋踊跃；有时又形容形势发展很好。春风：适宜于草木生长的和风。

【典故出处】

唐代孟郊《孟东野诗集·登科后》。

【成语故事】

孟郊，字东野，唐代湖州武康（今浙江德清）人。孟郊生活在安史之乱后的代宗、德宗、顺宗、宪宗四朝。这时唐王朝统治集团内各官僚互结朋党，彼此倾轧；藩镇割据，兵祸更是连年不断，民众日益困苦。孟郊从年轻时候起多次参加进士考试，屡考都不中，生活窘困。因而他的诗歌有不少是描述自己一贫如洗、求官不达的怨叹和忧愤的。后来，在他四十岁那年，也就是唐德宗贞元十二年（公元706年）却在长安考中了进士。看过皇榜之后，孟郊高兴得骑着马，忘乎所以地奔驰在长安街头，不禁浮想联翩，即兴成诗一首：

昔日龌龊不足夸，今朝放荡思不涯。

春风得意马蹄疾，一日看尽长安花。

龌（wò）龊（chuò）：指苦闷心情；放荡：不受约束，自由自在；涯：边际；疾：快。

这首《登科后》诗的大意是：过去的苦闷岁月已经不值一提了，今天情不自禁地要自由自在地好好想一想。在气候宜人的春风里，我骑上马逛游在长安街上，好像在一日之间就要把京都的鲜花胜景都看完。全诗表达了作者中进士后异乎寻常的情态。

孟郊中进士后，被任为溧阳县尉，不久他又辞官，回到家里。

根据这个故事，后来人们就概括出了『春风得意』。

春风送暖

【成语释义】比喻由于新的政策、措施、办法，带来的新气象和取得的成就。

【典故出处】宋代王安石《元日》诗。

【成语故事】

王安石是北宋时著名的政治家、思想家和文学家，字介甫，号半山，抚州临川（今江西临川）人。宋仁宗嘉祐三年（1058年）上万言书，力主改革朝政，实现富国强兵，到宋神宗熙宁二年（1069年），新法冲破重重阻力开始逐步推行，王安石被任命参知政事，不久又拜相。但到了熙宁七年，由于新法遭到保守势力的顽固反对，无法推行，王安石被迫辞退；次年再度拜相，再年又辞，退居江宁（今江苏南京市）。

《元日》一诗，是王安石在推行新法，冲破重重阻力，粉碎顽固势力的阻挠，而有了初步的进展，取得了初步的成绩后，时逢佳节，看到人民群众喜庆新春的欢乐场面，即兴而成，将自己变法初获胜利时的喜悦心情抒发了出来。全诗四句：

爆竹声中一岁除，春风送暖入屠苏。
千门万户曈曈日，总把新桃换旧符。

除：去掉，过去；屠苏：指屠苏草泡的酒；曈曈（tóng）：初升的太阳的光芒照得大地由暗变亮的情景；桃符：旧时迷信习俗，春节前在用桃木做的木板上画上神荼、郁垒二神，挂在门上，以辟邪。

诗的大意是：过去的一年在欢乐的爆竹声中送走了，春风吹拂，大地更新，人们多么兴高采烈啊，全家人团聚在一起喝着屠苏美酒。朝霞照耀着千家万户，好像披红挂彩一般；人们争先恐后地换上新的桃符，表示除去旧的东西，迎来了新的喜悦。

春风不度玉门关

【成语释义】

比喻某种好的思想还到不了某个地区或单位。

【典故出处】

唐代王之涣《凉州词》。

【成语故事】

唐代的诗歌，可以说是我国文学宝库重要的珍品之一。那时候的读书人几乎没有不会写诗的，一些写得好的诗，还常常被人们谱成歌曲来演唱。

相传，唐玄宗开元年间，在京都长安的一家酒楼里，一位官家正在举行宴会。宴会上乐队奏起了乐曲，有四位姑娘正准备唱歌。这时有三个挤在一个角落里看热闹的诗人，正在打赌：『看这几位姑娘唱谁的歌词最多，谁的诗就写得高明。』接着，第一个姑娘的歌声就飘了过来：

寒雨连江夜入吴，平明送客楚山孤。

洛阳亲友如相问，一片冰心在玉壶。

一位诗人兴冲冲地说：『这是我的《芙蓉楼送辛渐》诗，该给我王昌龄记上一笔。』

接着，另一个姑娘又唱开了：

开箧泪沾臆，见君前日书。

夜台何寂寞，犹是子云居。

另一位诗人站起来说：『这是我的诗，也该给我高适记一笔。』

第三个又唱开了：

奉帚平明金殿开，且将团扇共徘徊。

玉颜不及寒鸦色，犹带昭阳日影来。

王昌龄马上又划上一个记号说：『这也是我的。』

稍停一会，第四个姑娘又唱开了：

黄河远上白云间，一片孤城万仞山。

……

那位心里正在七上八下的青年，没等姑娘唱完，便急不可待地开了腔：『这是我的《凉州词》。』

这位青年就是当时鼎鼎有名的边塞诗人王之涣。早年曾做衡水县主簿，因遭诬陷而去官。从此，过了十几年的漫游生活，足迹遍及黄河南北。有一年，他来到了边远的凉州（今甘肃武威）一带，当时内地已春暖花开，杨柳青青，这里还相当寒冷。目睹这苍茫景色，忽然又听到边塞士兵吹奏出的哀怨笛声，便写了这首《凉州词》：

黄河远上白云间，一片孤城万仞山。
羌笛何须怨杨柳，春风不度玉门关。

凉州词：又名『凉州歌』，唐乐府题名；孤城：指凉州一带的某个城堡；仞（rèn）：古时以八尺或七尺为一仞；万仞：形容极高；羌（qiāng）：我国西北部一个少数民族；玉门关：地名，在今甘肃敦煌西。

诗的大意是：在玉门关外遥望黄河上游，像是一直伸到了白云上空。在耸入云霄的高山之中坐落着一片孤城，吹羌笛的人啊，你何须吹那《折杨柳》的曲调，来埋怨杨柳的春色来迟了呢？要知道，玉门关外春风还没吹到啊！

春梦无痕

【成语释义】

比喻世事变幻，如春夜的梦境一样容易消逝，不留一点痕迹。

【典故出处】

北宋苏轼《与潘郭二生出郊寻春》诗。

【成语故事】

这首诗作于宋神宗元丰五年（1082年）正月二十日。这天苏轼同在黄州结识的以沽酒卖药为生的朋友潘彦明、郭兴宗同去郊游。苏轼忽然想起去年的这一天，他同潘、郭等人同游岐亭时所写的诗《正月二十日往岐亭，郡人潘、古、郭三人送余于女王城东禅庄院》，于是步其韵，又写下了这首诗。全诗八句，前四句是：

东风未肯入东门，走马还寻去岁村。

人似秋鸿来有信，事如春梦了无痕。

诗的前两句以回忆去年同日的往事起兴。后两句作者既感叹寻春的人来得准时，又对寻春的往事一去不返表示喟叹。这两句诗，对仗精妙，比喻新颖，历来为人所称道，被视为佳对。鸿：鸿雁。诗的大意是：我们像鸿雁一样守信年年来此寻春，而往事却像春梦一样杳无踪影。

后来，人们便把『事如春梦了无痕』简化引申为『春梦无痕』。

草木皆兵

【成语释义】

形容人在极度惊恐时，疑惧不安，发生错觉，看见什么都害怕、紧张。

【典故出处】

《晋书·苻坚载记》。

【成语故事】

公元383年，北方前秦王苻坚不听群臣的劝阻，一意孤行，率领九十万大军南下，攻打东晋。苻坚的弟弟苻融率兵二十五万为先锋，首先攻陷寿春（今安徽寿县）。东晋王朝派遣谢石等人率水军、陆军共七万人，相继开到前线，阻击苻融，与前秦大将梁成对峙于寿春（即寿阳）的洛涧一带。东晋龙骧将军刘牢之率领五千精兵，在夜里偷袭梁成的营寨，大获全胜，杀死了梁成、王显、王咏等苻坚的十名将官，以及一万五千多名前秦士兵。东晋趁势逼近前秦军的驻地。『苻坚与苻融登城而望王师，见部阵齐整，将士精锐；又北望八公山上，草木皆类人形。顾谓融曰：「此亦勍敌也，何谓少乎？」怃然有惧色。』

王师：指正统王朝的军队或代表正义的军队，这里指东晋的军队；八公山：在今安徽淮南城西；类：像；勍（qíng）敌：强敌；怃（wǔ）然：失意的样子。

这段话的意思是：这时候，苻坚同苻融登上寿春的城楼瞭望东晋的部队，见晋军部署有方，列队整齐，将士精明强悍；又向北瞭望八公山，把山上的野草树木，都当成人了。苻坚回头对苻融说：『这些都是强硬的对手啊，怎么能说人少呢？』失意和惊恐的神色布满了苻坚的脸庞。

根据这个故事，『又北望八公山上，草木皆类人形』被简化引申为『草木皆兵』。

背水一战

【成语释义】

比喻决一死战。背水：背向水，表示后无退路。

【典故出处】

《史记·淮阴侯列传》。

【成语故事】

汉王刘邦于公元前206年拜韩信为大将，由于采纳了他的意见，东出汉中，先夺关中。当年八月出军，次年，就向关东进军。

韩信率领一支数万人的汉军渡过黄河，连着打了几个胜仗，活捉了魏王魏豹，然后挥师进攻河北的赵国。韩信孤军深入，战线长，后援不接，最怕持久，力争速战速决。于是韩信看准时机，在井陉口（今河北井陉）与赵军打了一仗。

井陉口，道路狭窄，地形险要。韩信率军到来之前，赵王赵歇和赵军统帅陈余就聚集了二十万军队，抢先占据了有利的地势，筑起了防御工事。韩信就在离井陉口三十里的地方，安营扎寨。当天半夜，就命令部队，准备出击。他从中选拔了轻装骑兵两千名，让他们每人手持一面汉军的红色旗子，从小道悄悄地爬到赵军大营背后的小山上隐蔽起来，并交代他们说：『等到赵军全军出动来追赶我们时，你们就立即冲进赵军的营里，拔掉他们的旗帜，竖起我们的旗帜。』他还让身边的将领给士兵们送些干粮去，说：『今天在打败赵军以后，再开饭。』

接着，韩信又派出一万士兵，出了井陉口，背向泜水（河名，今叫槐河）列成阵势。赵军官兵望见汉军这个架势，都笑韩信不懂兵法，更加轻视汉军。到天明以后，韩信高举帅旗，敲响了主帅的战鼓，率大军大模大样地出了井陉口。赵军立即离营出击，双方相持了很长时间。这时，韩信装着打败了的样子，扔掉军旗和战鼓，向背河列阵的汉军军营逃去。赵军见韩信败退，想就此一举全歼汉军，果然全营出动，争着抢夺汉军的军旗和战鼓，争着追赶韩信。这时，韩信等已经进入背河扎营的阵地，前临大敌，后无退路，人人拼死求胜，舍命拼杀。

赵军久战不能取胜，就想退回自己的营中，可是赶到营前一看：韩信事先派出的两千骑兵早已占领了这座空营，把赵军的旗帜全部拔掉，插上了两千面汉军的红旗。这一来，赵军士兵十分惊恐，误以为汉军已经把赵王及其身边的将领都活捉去了。于是，赵军大乱，纷纷逃窜；韩信乘机猛攻，两面夹击，大败赵军，杀了陈余，将赵王活捉。

根据这个故事，后来就引申出了『背水一战』。

狡兔三窟

【成语释义】

比喻藏身之地多，便于躲避灾祸；也比喻多准备几手，留有回旋余地。窟（kū）：洞穴。

【典故出处】

《战国策·齐策四》。

【成语故事】

战国时期，齐国宰相孟尝君田文，他舍得花钱供养客人，家中已有食客几千人。

这时，齐国有个叫冯谖（xuān）的人，穷得连自己都养不活，就托人向孟尝君说，要想到他家里做食客。田文同意了，但孟尝君手下的人见冯谖没有什么特长，以为孟尝君看不起他，就给他吃最粗劣的饭食。

过了不久，冯谖倚柱弹剑而歌：『长长的宝剑啊，我们还是回去吧！在这里，连一条鱼也吃不上呢！』孟尝君手下的人，把这件事告诉了孟尝君。孟尝君便要他们像对待别的客人那样，给冯谖鱼吃。

又过了不久，冯谖又弹剑而歌：『长长的宝剑啊，我们还是回去吧！在这里，外出连车子也没有呢！』

孟尝君知道后，又让手下的人给冯谖车子坐。

再过了些时候，冯谖又弹剑而歌：『长长的宝剑啊，我们还是回去吧！住在这里，连家都养不起呢！』

孟尝君知道冯谖还有个老母亲后，就派人给他的母亲送去吃的用的。从这以后，冯谖也不再弹他的宝剑唱歌了。

有一次，冯谖主动地向孟尝君讨了桩任务：前往孟尝君的世袭封地薛去收债。到了薛，冯谖假传孟尝君的命令，将还不起债的人的债务全都免了，并把券契当众烧毁。冯谖回来后向孟尝君报告说：『我的任务完成了，并给你买回了义。』孟尝君对此很不高兴。

一年以后，齐湣王听信谗言把孟尝君免了职。孟尝君只得离开临淄，回到自己的封地薛去。在离薛还有一百里远近的时候，薛地的群众扶老携幼前来迎接他。孟尝君这才非常感谢冯谖说：『先生给我田文买的义，今天我全看见了。』

冯谖却回答说：『狡兔有三窟，仅得免其死耳。今君有一窟，未得高枕而卧也。请为君复凿二窟。』意思是：狡猾的兔子有三个洞穴，才仅仅能逃掉一死。现在您才有一个洞穴，还不能高枕无忧地睡大觉啊！我想给您再凿两个。

于是，冯谖又带着孟尝君给他的四马大车五十辆，黄金五百两，到了西边的魏国。冯谖对梁惠王（也叫魏惠王）说：哪一个国家先把孟尝君请去治理国政，那个国家就一定会国富兵强。梁惠王听了就派使者带上礼物去请孟尝君来当宰相。这时冯谖又赶先回来要孟尝君不要答应魏国的聘请。魏国使者一连去了齐国三次，孟尝君都没应允。齐湣王看见别的国家的国君都这样重视孟尝君，就向孟尝君认错并重新让他当了宰相。

孟尝君本是齐国的贵族。冯谖又要他请求齐湣王把先王祭祀用的器物分给他一份，放在薛，并建立一座家庙，以保全和巩固自己的地位。家庙落成后，冯谖对孟尝君说：『现在三个洞穴都已凿好，你可以过安稳日子了。』

根据这个故事，后来人们把『狡兔有三窟』引申为『狡兔三窟』。

将信将疑

【成语释义】

形容又相信，又怀疑。将：又。

【典故出处】

唐代李华《吊古战场文》。

【成语故事】

李华在《吊古战场文》中，描述被驱使去作战的战士的亲属，为其或生或死牵肠挂肚、凄凄切切时写道：其存其没，家莫闻知。人或有言，将信将疑。悁悁心目，寝寐见之。布奠倾觞，哭望天涯。天地为愁，草木凄悲。

悁（yuān）悁：忧郁烦闷的样子；心目：心情；布奠：陈列奠品；觞（shāng）：盛酒器具；倾觞：把酒杯里的酒倒在地上以示祭奠。

这段话的意思是：家中的亲人都不知道他们是活是死。偶尔听到有人谈起他们战死的消息，也是半信半疑。心里忧愁，就常在梦里见到他们。设祭洒酒，望着天边哭泣。天地为他忧愁，草木替他悲伤。

狭路相逢

【成语释义】

形容仇人相逢，难以相容，不肯轻易放过。

【典故出处】

乐府古辞《相逢行》。

【成语故事】

《相逢行》，又名《相逢狭路间行》。这首诗对富贵之家宅舍的富丽、生活的豪华给予了着力描写，反映了当时达官贵人的养尊处优、醉生梦死的生活。全诗共三十句，起首四句是：

相逢狭路间，道隘不容车。

如何两少年，夹毂问君家。

狭：窄；毂（gǔ）：这里代指车。

这四句诗的意思是：相遇的道路狭窄，没有地方可让。两个少年站在车的两旁，相对而问。

后来，『相逢狭路间』被引申为『狭路相逢』。

逃之夭夭

【成语释义】

借作逃跑的诙谐说法。夭夭：原形容花木茂盛鲜艳，此处无义。

【典故出处】

《诗经·周南·桃夭》。

【成语故事】

桃夭是一篇关于民间婚嫁的祝诗。这是一首祝贺女子出嫁的诗。作者以形象的比喻，赞美出嫁的新娘年青美貌，祝贺她婚后生活得美满。全诗三章：

桃之夭夭，灼灼其华。之子于归，宜其室家。

桃之夭夭，有蕡其实。之子于归，宜其家室。

桃之夭夭，其叶蓁蓁。之子于归，宜其家人。

夭夭：新嫩，生机勃勃；灼灼：鲜艳；华：花；之子：这女子，指出嫁的新娘；于归：出嫁；宜：和善；蕡（fén）：果实多而大；蓁（zhēn）蓁：茂盛。

诗的大意是：桃树枝儿嫩夭夭，红红的花儿多鲜艳。这个姑娘要出嫁了，她将来的家庭生活一定美满。

桃树枝儿嫩夭夭，斑斓的桃儿多丰满。这个姑娘要出嫁了，她将来的家庭生活一定美好。

桃树枝儿嫩夭夭，绿绿的叶子多茂盛。这个姑娘要出嫁了，家人一定康乐平安。

后来，人们把『桃之夭夭』的『桃』谐音借作『逃』，引申出了『逃之夭夭』。

柳暗花明

【成语释义】

形容由困难或曲折转入顺利；也用来形容绿树成荫、繁花似锦的美丽景色。

【典故出处】

南宋陆游《游山西村》诗。

【成语故事】

这首诗作于宋孝宗乾道三年（1167年）。有一次，闲居山阴（今浙江绍兴）的陆游到镜泊湖附近的山西村游访，受到农民的热情款待。这个村庄明媚的风光，热闹的景象，以及主人们热情待客的纯朴感情，给他留下了难忘的印象。于是他便把这次见闻和感受写成了一首脍炙人口的田园诗《游山西村》。全诗共八句，起首四句是：

莫笑农家腊酒浑，丰年留客足鸡豚。

山重水复疑无路，柳暗花明又一村。

莫：不要；浑：不纯；豚：小猪；重、复：一重重，一道道。

这四句诗的大意是：不要取笑农家腊酒不纯，丰收的年景有足够的鸡、猪来招待客人；走过一重重山，跨过一道道水，层层叠叠，盘回曲折，好似前面没有可走的路了，可是一转过去却又是一个花红柳绿的村庄。

后来，『柳暗花明』被引申为成语。

怨声载道

【成语释义】

形容怨恨之声充满道路，比喻人民强烈的不满。载：充满。

【典故出处】

《诗经·大雅·生民》。

【成语故事】

这首诗从周部族的始祖后稷神奇般的诞生开始，记录了他发明农业的功绩。全诗共分八章，前三章是：

厥初生民，时维姜嫄。生民如何？克禋克祀，以弗无子。履帝武敏歆，攸介攸止。载震载夙，载生载育，时维后稷。

诞弥厥月，先生如达。不坼不副，无菑无害，以赫厥灵。上帝不宁，不康禋祀？居然生子！

诞置之隘巷，牛羊腓字之。诞置之平林，会伐平林。诞置之寒冰，鸟覆翼之。鸟乃去矣，后稷呱矣。实覃实訏，厥声载路。

厥初：当初；民：人，指周部族的人；时维：是为；姜嫄（yuán）：传说中远古帝王高辛氏的妻，周始祖后稷的母亲，姜是姓，嫄为谥号；克：能，这里引申为『虔诚』的意思；禋（yīn）祀（sì）：指祭祀上帝；弗无子：求免于无子，即求子；帝：指天帝；武：这里指足迹；敏：足拇指；歆（xīn）：欢喜；载：乃，于是；震：借作娠，有孕腹动叫作娠；夙：严肃，严守；先生：首生，头胎；坼（chè）：裂开；副：『剖』的借字，破裂；菑：『灾』字的古写；赫：显示；灵：奇异的意思；隘巷：狭窄的小巷；腓（féi）：遮蔽；

字：喂乳；平林：平原上的树林；会：正遇，恰好；覆：盖住；呱（gū）：小孩哭声；覃（tán）：长；讦（xū）：大；载：充满。

这三章诗的大意是：当初是谁生下了第一代周人，就是姜嫄这位母亲。周人是怎样降生的呢？有一天，姜嫄虔诚地祭祀天帝，以求免于无子。她踩着天帝的脚趾印，心里欢喜，便在那里停下来休息。于是，她自觉胎动，不敢大意。后来就生了孩子，那就是后稷。

姜嫄怀了足足十个月的胎，头胎生得很顺利，产门没有破裂，一点也不觉得痛苦。这是多么奇异的事情啊！因此她怀疑是天帝对自己的祭祀不满意，或者天帝不安享自己的祭祀吗？教我生儿不敢养。于是，姜嫄便将婴儿丢在小巷中，结果牛羊一齐来喂乳；她又想把孩子扔在树林里，恰巧又碰上有人来砍树。后来，她把他扔在寒冰上，鸟儿便展开翅膀来温暖和保护他。鸟儿飞走了，后稷便哇哇直哭，哭声又长又洪亮，连大路上都听得清清楚楚。

后来，人们把『厥声载路』引申为『怨声载道』。

退避三舍

【成语释义】

原指恪守信用；有时也用以说明有意回避对方以免发生冲突。退：退让；舍：春秋时行军的里程，合当时的三十里。

【典故出处】

《左传·僖公二十三年》。

【成语故事】

公元前637年，晋国公子重耳在齐国流亡七年之后，到了南方的强国楚国。楚成王用丰盛的酒宴，像接待贵宾那样迎接重耳一行人。

重耳对成王又感激又敬佩。楚成王则认为在位的晋怀公，早已丧失民心，人们早晚会把他抛弃，重耳可能回到晋国执政，所以乘他还处在不顺利的时候，既热情接待，又给他点压力，让他预先许下日后报答的条件。酒过数巡，楚成王便对重耳说：『公子如果返回晋国，你能用什么来报答我呢？』

重耳很聪明，经成王这么一问，便明白了其中的意思：楚国正在向北方推进，想在中原称霸，楚王所要的东西，当然不是一般的财物宝器，他要的是晋国对楚国的纵容与支持。在这种场合，重耳只得言辞委婉，于是便躬身立起回答说：『大王啊，姣童美女，玉石锦帛，您这里有的是；禽羽兽毛，象牙犀革，更是贵国的特产。这些东西晋国虽说也有一点，不过，那只是楚国的剩余品罢了。您看，我还能有什么东西来报答大王您呢？』

楚成王说：『话虽这么说，可你总也可以有报答的啊！』

重耳略微沉思后，郑重地说：『如果托您的威力，我能回国执政，祝愿我们两国能友好相处。要是万一发生战争，于原野上相遇交兵的时候，我愿避君三舍（大约三十里为一舍，三舍就是后撤九十里），表示对大王恩德的报答。如果我这样做了，还得不到您的谅解，那我就左手执鞭握弓，右手佩着箭囊、弓袋，与您拼杀。』

重耳这番话，言辞虽委婉，但却对楚成王表达了坚决的态度：你想要得到的东西，是不可能得到的。楚国的令尹（相当于相国）听了非常生气，暗地里劝成王杀重耳，以除后患。楚成王没有同意，他认为：重耳志向远大，严于律己，身旁又有一些有才能的人为他出谋献策，将来能振兴晋国。假如自己处理得不好，不仅杀不掉重耳，还会招来祸患。于是，便把重耳一行，送往秦国。次年，在秦穆公的帮助下，重耳回到了晋国，夺取了王位，做了国君，就是晋文公。

公元前632年，晋楚两国果然发生了军事冲突，晋文公不负恩失信，下令『退避三舍』，而楚军则穷追不舍，结果在城濮（今山东鄄城）两军决战，晋军大败楚军。

骄兵必败

【成语释义】

比喻骄傲轻敌的军队必定要打败仗；也泛用于工作和学习上，自以为了不起、骄傲的人必然会遭到失败。骄兵：恃强轻敌的军队。

【典故出处】

《汉书·魏相传》。

【成语故事】

关于骄兵的说法，历史上有过不少的解释。明代章婴的《诸葛孔明异传·兵戒》说：『诛暴救弱，谓之义兵，兵义者王；敌来加己，谓之应兵，兵应者胜；争小故，致大寇，谓之忿兵，兵忿者亡；利土地，欲利货，谓之贪兵，贪兵者死；恃国家之大，矜民人之众，谓之骄兵，骄兵者败。』意思是：为消灭暴虐，扶救弱小的军队，叫作义兵，为正义而战的军队，能够取得天下；敌人打来了，起兵自卫还击，叫作应兵，为自卫而战的军队必然会得到胜利；因小的怨恨而导致大战的，叫作忿（fèn）兵，因私愤而战的军队将会败亡；抢占别人的土地，掠夺他人财富的，叫作贪兵，为侵略而战的军队必然会被消灭；自恃国家大、人口多而发动战争的，叫作骄兵，骄横的军队要打败仗。

其实，早在西汉时候就已经提出了骄兵必败的说法。据《汉书·魏相传》：西汉初年，与汉王朝西北部边境接壤的地方，有一个小国叫车（jū）师（在今新疆东北部，古西域中的一个小国，原名姑师）。车师国土地肥沃，但在汉王朝和匈奴的夹击下，日子很不好过。后来，在公元前68年便投降了汉朝。但是匈奴不甘心轻易放弃这块肥美的地方，便出兵攻打车师。西汉在渠犁一带屯田的侍郎郑吉率兵前往营救，因兵力不足，被匈奴打败。郑吉随即上疏宣帝，请求派兵增援。

宣帝接到郑吉求援告急的奏章后，便与后将军赵充国等一些大臣商议，准备趁机发大兵攻打匈奴，以扫除多年来的边患。可丞相魏相不赞成出兵，上疏进谏。魏相详细地分析了出兵的利弊，讲到用兵之道时，他说：『恃国家之大，矜民人之众，欲见威于敌者，谓之骄兵。兵骄则灭。』意思是：倚仗国家大，人口多，就一心想对外炫耀威力者，称为骄兵。骄横自恃的兵，是一定要失败的。

魏相的意见得到了汉宣帝的采纳，取消了增兵车师的计划。

指鹿为马

【成语释义】

比喻怀着恶意，故意颠倒是非，混淆黑白。

【典故出处】

《史记·秦始皇本纪》。

【成语故事】

公元前210年，秦始皇病死了。这时掌握实权的宦官赵高，不想让始皇的长子扶苏继承皇位，而要扶持始皇的小儿子胡亥。于是对于秦始皇的死讯，严守机密，随即就假传始皇的圣旨：赐死扶苏，立胡亥为太子。然后，才宣布秦始皇已经死去，扶立刚刚当上太子的胡亥继任皇帝，就是秦二世。赵高也因此当上了胡亥的丞相，独揽大权。

可是，当丞相，虽说是在万人之上，但还在一人之下啊！赵高不愿屈从于这一人之下，就打算篡位。但又怕众大臣心存异议，起来反抗。于是他就想出了一个办法，先做一次试验。

一天，赵高趁群臣朝拜之机，让人牵来一只鹿去献给秦二世说：『这是一匹少见的千里马，我特意敬献给陛下。』

秦二世左看右看，这明明是一头鹿嘛，赵高怎么说是马？便笑着说：

『丞相弄错了吧，这是一头鹿，你怎么说是马呢？』

赵高没有理会胡亥的话，就高声问左右的大臣们：『你们说说，这到底是鹿还是马？』当时，许多大臣虽能辨认，但惧怕赵高的权势，不敢作声；有些人为了讨好赵高，就阿谀奉承地说：『肯定是马，前几年我还养过这样的马嘛！』少数不愿意违背自己的良心，为人耿直的人，看透了赵高的险恶用心，便毫不含糊地说：『是鹿，不是马。』

经过这次测验，赵高看出了凡是说实话的人，是不会甘心服从他的指挥的。不久，他就施加种种罪名给这些人，有的被赶出朝廷，有的被打入牢狱，有的暗中遭到杀害。从这以后，朝中群臣更加害怕赵高了。

南柯一梦

【成语释义】

比喻不能永久享受个人名利和荣华富贵。也有人把梦境说成『南柯』。南柯：南边的大树。又作『槐安之梦』『一枕南柯』『一枕槐安』。

【典故出处】

唐代李公佐的《南柯太守传》。

【成语故事】

有个名叫淳于棼的人，喜爱喝酒。一天，他在门前一棵大槐树下喝得烂醉。他的两个朋友把他扶进屋，让他躺一会。这两个朋友就在床边一面守候，一面洗脚。

淳于棼睡着了，恍惚间看见两个使臣走进来，说是奉大槐安国国王之命，特来邀请。于是他出门登车，向大槐树根部一个树洞直奔而去。一进洞，只见晴天丽日，山川旷野，城郭村庄，乃是另外一个世界。淳于棼起初不免惊异，但很快就习惯了。他进了王宫，见过国王，当即被招为驸马，并任命为南柯郡太守。

到了南柯，上任以后，一切都很顺利，不知不觉就过了整整三十年。由于政绩优良，全郡百姓，极为拥戴，国王也很器重他。这时，他已有五男二女，官位显赫，家庭美满，非常得意。不料檀萝国忽然入侵，他领兵出战，打了败仗。他的夫人（即公主）又不幸去世。国王从此不再信任他，不但免去他的官职，还把他软禁了一段时间，最后把他送回老家。

淳于棼就这样醒了过来，原来是一场大梦。他的两个朋友还在床边洗脚，窗外偏西的太阳仍在睡前差不多的位置照耀着，喝剩的酒也在原地方搁着，想想片刻的梦境，竟像是度过一生了。淳于棼把梦里的奇遇，告诉他的两个朋友。他们一同来到大槐树下，挖开树洞一看，见里面有个蚂蚁窝。其中有泥土堆成的小城小楼和宫殿台阁等，并有两个较大的蚂蚁住在里面，几十个蚂蚁保卫着，一般蚂蚁都不敢走近，大概这就是所谓『槐安国』的国都和王宫。旁边有一条孔道，往上直通向南的一支，大约就是所谓的『南柯郡』。淳于棼在梦里所见的槐安大国，原来是这样。

南辕北辙

【成语释义】

比喻背道而驰，行动与目的、愿望相反。辕：马车前头夹牲口的两条杠；辙：车轮碾过的痕迹。

【典故出处】

《战国策·魏策四》。

【成语故事】

战国时，魏国的国君魏安釐（xī）王想出兵攻打赵国的都城邯郸。大臣季梁在外边游历，半路听到这个消息，不同意这样做，就立刻终止旅行赶了回来。他衣服来不及换，脸也来不及洗，就跑去见魏王。魏王奇怪地问他：『你怎么回来了，有什么要紧的事情吗？』

季梁一本正经地说：『是啊，我在太行山看见一个人，他要驾着马车到楚国去。我问他楚国在魏国的南面，你要到楚国怎么往北方走呢？他说：「我的马跑得很快。」我说，马虽然能跑路，这不是去楚国的路啊。可那人又说：「没有关系，我的路费带得多。」我又提醒他说，「旅费虽然带得多，这不是去楚国的路啊。」他仍然不听，还说他有个善于驾车的马夫哩！你看，他这样做，方向不对头，这些条件越好，不就会使他离开楚国越远了吗？』

魏王听了忍不住哈哈大笑：『天下怎么会有如此糊涂之人啊！』接着季梁就严肃地对魏王说：『大王常常说要成为各国的盟主，那就应该让各国的君主都信任你。可是大王只想仗着兵精粮足，以攻打赵国来扩大你的领土和威名，这样的事情做得越多，离你要达到的目的就会越远，正像那个想往南去却驾着车子往北走的人一样。』

魏王听了季梁这番话，无言以对，低下头沉思一会，也就放弃了原来的打算。

点石成金

【成语释义】

比喻变废为宝；也用来比喻把别人不太好的文章，改为好文章。

【典故出处】

《广谈助》。

【成语故事】

从前，有一个信奉道教的人，他家虽然十分贫困，连香烛都买不起，但他仍然天天虔诚地拜祷吕祖。吕祖对他的虔诚，很受感动，便驾着一朵祥云，来到他的家中。吕祖看见他家里实在太穷，除了几个破坛坏罐，什么也没有。吕洞宾很可怜他，『因伸一指指其庭中磐石，粲然化为黄金，曰：「汝欲之乎？」』意思是：吕洞宾便伸出一个指头，对着庭院中树下的一块破磨盘一指，瞬间磨盘便金光闪闪，变成了黄金。

吕洞宾问道：『这块黄金，就送给你了，你要不要？』

那人一听，倒头就拜，连声说：『不要，不要！』

吕洞宾真是喜出望外，称赞地说：『你信奉道教如此诚心诚意，不贪恋钱财，我倒要把真道传授给你了。』

那人支支吾吾地说：『不然，我心欲汝此指头耳。』意思是：我不是这个意思，我是想要你这根点金的手指头。

啊，原来他是一个得寸进尺、贪求无厌的人。吕洞宾闪身一变，就去得无影无踪了。

后来，人们便根据这个神话故事，引出了『点石成金』。

闻一知十

【成语释义】

知道了一件，就能由此推论而知道十件，形容聪明多智。

【典故出处】

《论语·公冶长》。

【成语故事】

孔子的得意门生子贡（名赐），很有口才，连孔子也常常说不过他。孔子周游列国，子贡是随行人员之一，常常去处理外交方面的一些事情。

齐国在田常执政时，曾准备征伐鲁国，孔子对弟子们说：『鲁是我们的祖国，现遭到危难，你们怎么没有设法护卫的行动？』

子路自告奋勇，表示愿到齐国去交涉，孔子不让他去；子张、子石也表示愿去，孔子也不同意；子贡提出来，孔子立刻允许了。子贡这次不但到了齐国，后来还到了南方的吴国、越国和西北的晋国，这几个都是当时的大国，子贡让他们互相混战。结果，齐国乱，吴国破，晋国强，越国称霸，而小小的鲁国免除了一场危难，获得了一时的太平。

虽然子贡很有才干，孔子却认为他比颜回还是差些。颜回，字子渊，也称颜渊，鲁国人，聪明好学，生活俭朴，是孔子最喜爱的一个得意门生。子贡本人也承认不如颜回。

有一次，孔子故意问子贡道：『赐，你同回到底哪个强些？』子贡答道：『我怎敢同他相比！他闻一以知十；我闻一以知二。』

闻鸡起舞

【成语释义】比喻有志为国效力的人，坚持不懈，奋起行动。闻：听到；鸡：鸡叫；起舞：练剑。

【典故出处】《晋书·祖逖传》和《晋书·刘琨传》。

【成语故事】

晋朝，有一个著名的诗人叫刘琨。他年轻时正处在西晋皇族争夺政权的『八王之乱』的腐败时期，后来又处在匈奴不断袭扰西晋王朝的危急时期。

刘琨心怀大志，与范阳人祖逖（tì）志趣相投，结为好友。每当他们在一起谈论国家大事的时候，即使是深夜，也激动地坐起来，互相嘱咐说：『如果一旦天下大乱起来，我们一定要做争雄于世的豪杰。』他们还经常盖着一条被子睡觉。一次，还没有到鸡鸣的时候，祖逖却听到鸡啼叫了，便踢醒正在呼呼大睡的刘琨，催促他起来练功。说完，自己就起床下地，提着宝剑，挥舞起来。

没过多久，匈奴人刘聪、刘曜等大举进攻西晋，相继攻下洛阳和长安，晋怀帝和晋愍（mǐn）帝当了俘虏，西晋王朝就此灭亡了。刘琨当即上疏司马睿（ruì）在江东开国即位，他在《劝进表》中说：『灾难多，并不可怕，这会促使人民更加团结，会促使君主励精图治，使国家人民振作起来。』因此这个故事也是『多难兴邦』的来源。

公元317年，司马睿在建康称帝，史称东晋元帝。祖逖以恢复北国山河的宏愿，向元帝上疏说：『今天，留在北方的人民，正在遭受残酷的蹂躏和屠杀，他们都有起来反抗的愿望。陛下您如果能够派遣大将，率军北伐，那么各地的英雄豪杰一定会纷纷响应，前来参加；那些投靠了敌人的人，也会自己觉悟，改邪归正。那么，丧失的国土就会恢复，亡国的耻辱就可以洗雪了。』

晋元帝对收复中原国土本来就没有打算，但表面上又不能反对祖逖渡江北伐的主张，就让他当了奋威将军，兼任豫州刺史，给了祖逖一千人的粮食，三千匹麻布，但不发铠甲和兵器，让他自己去招募士兵。于是祖逖便率众渡江北上，他在登船渡江时，用桨拍打着江水发誓说：『我祖逖一定要实现自己的誓言，为国家收复失去的国土。如若不然，绝不再渡江南下！』他的言辞，是那么的激烈，态度是那么的庄重、悲愤，深深地感动了周围的人。

过江以后，他先在江阴开炉冶铁，铸造兵刃；招募兵丁，布阵习武。而后随即挥师北上，深受中原人民的拥护，曾多次击败入侵者的军队，收复了不少失地。但终因东晋王朝对他信任、支持不够，忧愤成疾，壮志未酬，于公元321年病故了。

闻所未闻

【成语释义】

比喻听到从前未曾听到过的新奇的事情。

【典故出处】

《史记·郦生陆贾列传》。

陆贾是战国时楚国人，他以门客的身份跟随汉高祖刘邦平定天下。司马迁在写过陆贾的传记后，称赞他『确实是当世的舌辩之士』。

【成语故事】

在刘邦身边，陆贾是得力的出谋划策的人物之一。他经常出使诸侯。刘邦做了皇帝之后，陆贾曾两次出使南越（古族名，古代南方越人的一支，分布在今越南北部、广东、广西和湖南省南部等地），成功地说服了南越王尉佗臣服汉王朝。

南越王尉佗，原名赵佗，本是真定（今河北正定）人，秦朝末年为龙川县（今广东龙川县）县令，后来又当了南海郡郡尉，故也称他为『尉佗』。在楚汉相争之际，他趁机将南海、桂林和象三个郡兼并，就自立为南越王。汉高祖平定中原地区之后，就派遣陆贾去赐印给尉佗，正式封他为南越王。

开始，尉佗不愿向汉王朝称臣，因而对陆贾很不礼貌，陆贾就对他陈说利害，给他指出：『你本是中原人，亲属、弟兄和祖先的坟墓都还在真定。现在你竟想以小小的越地和中原的天子相抗衡，大祸就要临头了。不用说别的，朝廷只要派遣一名副将率领十万人马来到你这个刚刚建立尚未安定的国家，越人就会起来把你杀掉而去投降汉朝，这是非常容易的事情。』

尉佗听后，就向陆贾谢罪说：『我久居蛮夷之地，竟然把中原的礼仪都忘记了。』接着，陆贾又向他谈了许多要接受封印，与朝廷互通使节，友好相处的道理。尉佗很喜欢陆贾，留下陆贾跟他一起饮酒、闲谈，相聚了好几个月。尉佗感叹地说：『越中无足与语，至生来，令我日闻所不闻。』意思是：越国没有同我有共同语言的人，只有你来了，才使我天天听到一些过去听不到的事。

轻车熟路

【成语释义】

比喻对事物很熟悉，做起来非常容易。

【典故出处】

唐代韩愈《送石处士序》。

【成语故事】

石处士，即石洪，唐代河阳（今河南孟州南）人。曾做过黄州录事参军，后回到河阳，隐居历十年。乌重胤在公元810年（唐宪宗元和五年）升任河阳节度使后，就召他为幕僚。韩愈的这篇序文就是在欢送石洪前往河阳就职时写的。文章热情地赞扬了乌重胤知人善任和石洪的以道自任。文章一开头就形象而生动地将邀请的经过和石洪知人论事的才能展现在了读者面前。文章写道：

河阳军节度、御史大夫乌公，为节度之三月，求士于从事之贤者。有荐石先生者。公曰：『先生何如？』曰：『先生居嵩邙、瀍谷之间，冬一裘，夏一葛，食朝夕，饭一盂，蔬一盘。人与之钱，则辞；请与出游，未尝以事免；劝之仕，不应。坐一室，左右图书。与之语道理，辨古今事当否，论人高下，事后当成败，若河决下流而东注；若驷马驾轻车就熟路，而王良、造父为之先后也；若烛照，数计而龟卜也。』

乌公：即乌重胤；士：贤士，即德行和才能都比较好的人；嵩、邙（máng）：皆山名，在今河南省；瀍（chán）：瀍河，水名，在今河南省；谷：水名，在今河南省；裘：皮衣服；葛：这里指粗布衣服；王良：春秋时晋国的善御者；造父：周代善御者；数计：用蓍（shī）草计数占卦；龟卜：用龟甲推算吉凶。

这段话的意思是：河阳军节度使、御史大夫乌公，担任节度使的第三个月，便开始访求幕僚中贤能的人。有人向他推荐了石洪。乌重胤问：『这个石先生怎么样？』推荐的人回答说：『石洪居住在嵩邙二山和瀍谷二水之间，冬天穿着一件皮衣服，夏天穿着一件葛布衫；早晚两餐饭，都是一碗饭，一盘菜。人家给他钱财，他辞而不受；请他一同出去游玩，从没有借口推脱；有人劝他做官，他总是不应允。平素，他坐在一间屋子里，身旁都是书籍。同他谈论事理，辩论古今事情的是非，评论人物的短长高下，事情的结果是成功还是失败，他的话就好似河水决了堤一般，由高处东流而下；就好似四匹马驾着轻车，走在熟悉道上，而由王良、造父那样高超的善御者做助手；就好似烛光照耀得那样明亮，用蓍草、龟甲占卜那样准确灵验。』

后来，人们将『若驷马驾轻车就熟路』简化引申为『轻车熟路』。

洗耳恭听

【成语释义】

把耳朵洗净，以便恭敬地听取有益的良言或欣赏优美的乐曲。形容很虔诚地聆听。

【典故出处】

晋代皇甫谧的《高士传·许由》。

【成语故事】

上古时代的圣君尧，想把帝位禅让给许由。但许由是个不问政治的清高人，拒绝尧的请求，并且连夜逃进箕山隐居不出。

尧听说了许由的举动，对他更加敬重。尧再三派人去请他，说：『如果你坚持不接的话，就希望你能出任「九州长」。』不料许由听了这个消息，更加厌恶，立刻跑到山下的颍水边，掬水洗耳。

许由的朋友巢父也隐居在这里，这时正好牵一条小牛来饮水，便问许由为什么这样。许由把这事的经过告诉了他，最后说：『我听了这样的话，怎能不赶快洗洗我清白的耳朵呢！』

谁知，巢父听了，却冷笑起来，道：『谁叫你在外面招摇，造成名声，现在惹出麻烦来，还洗什么耳朵，别玷污了我那小牛的嘴。』说着，牵着小牛，径自走向上游去了。

这个传说叫『箕山洗耳』。后来，人们所说的『洗耳』，却和许由的洗耳含义完全不同。许由是因为听了不愿听的话而洗耳，后来的『洗耳』却变为准备领教的意思。

窃窃私语

【成语释义】

形容相互间低声细语地讲私房话。

【典故出处】

唐代白居易《琵琶行》。

【成语故事】

唐宪宗元和十年（公元815年）六月的一天早晨，宰相武元衡被藩镇王承宗、李师道派人杀死了。当天中午，太子左赞善大夫（太子属官）白居易即上书皇上，请求缉拿凶手，以绳法纪。唐宪宗听信奸相李吉甫的谗言，将白居易贬到离京城四千里外的江州（又名浔阳，今江西九江市）作司马（州府佐官）。江州北临长江，南有庐山。白居易的司马官舍，就在江州西郭门外，离盆浦口很近，地处低湿，偏僻冷清，更使经常卧病的白居易愁闷难耐。他经常想念长安，想念贬官通州（今四川达县）的好友元稹，常常写诗作文以慰愁肠。

次年秋天，元稹也来到了江州。好友久别重逢，白居易真是欢欣异常。但元稹公务在身，不敢久留，当晚便要开船离去，白居易同他的弟弟白行简，一起到盆浦口送元稹上船，并在船头设宴饯行。面对冷月清秋，故人远别，白居易更感到酒冷心凉，醉不成欢。白居易仰望明月，与元稹相互道别之后，正准备下船的时候，忽听得江面上传来阵阵幽怨的琵琶声，一下子把白居易吸引了。他侧耳倾听，好一阵才向船家打听说：『刚才弹琵琶的是什么人？弹得太好了，真是名家指法。』

船夫回答说：『是京都来的刘一郎的娘子裴兴奴。』

当白居易看见这位头发花白、面容憔悴的裴兴奴，问起她流落到江州的经过的时候，裴兴奴悲愤地回答说：她年轻时就能弹得一手好琵琶，后来应召入官奏艺，随着年岁的增长，受尽凌辱和冷遇，被迫流落异乡。白居易听着听着，联想到自己忠言遭忌，官贬外地，遭遇与裴兴奴一般凄楚，禁不住泪如雨下，把青衫也湿透了。回到家以后，裴兴奴凄惨的话语和琵琶声，萦绕耳旁，激动地挥笔疾书，开始了他的名篇六百一十二字的长短句《琵琶行》的写作，在完成初稿后，几经修改，终成佳作。

《琵琶行》在叙述与裴兴奴相遇，请她弹奏《霓裳》《六幺》两种曲调时，写下了这么两句『大弦嘈嘈如急雨，小弦切切如私语』（切：同『窃』）。

琵琶共有四根弦，最粗的为大弦，也叫老弦。嘈嘈：声音粗厚；小弦：即细弦，也叫子弦。这两句诗的大意是：裴兴奴先弹了《霓裳》《六幺》，那老弦发出的声音是那么的粗壮厚重，有如暴雨如注一般；而子弦呢，则是那么的细微急促，就像在讲私房话那样圆润清脆。

后来，人们便由『小弦切切如私语』引出了『窃窃私语』。

举一反三

【成语释义】

形容从一个侧面或一件事情类推，进而知道与此相类似的其他方面或别的事情。

【典故出处】

《论语·述而》。

【成语故事】

孔丘是我国儒家学派的创始人，是春秋末年著名的思想家和教育家。他从事教育数十年，积累了不少有益的经验，形成了自己的一套教育理论和方法。有一次，他在讲教育方法时，说：『不愤不启，不悱不发；举一隅不以三隅反，则不复也。』

这两句话的中心思想是强调要在学生们深入思考的基础上教育学生。如果学生没有强烈的求知欲，没有迫切的学习要求，老师纵然费尽心力，也不会有好的效果。

愤：心里迫切希望弄明白而又弄不明白的着急的神情；悱（fěi）：想说而又不知道怎么说的为难神情；隅（yú）：角落，一个方面。孔子这两句话的大意是：对于学生的教育，不到他们经过苦苦思索而又弄不明白的着急之时，不必忙着去开导他们；不到他们想说而又说不出来的时候，也不必忙着去启发他们。如果教给学生了解了一隅，而不能由此推知其余的三隅，那就暂时不用再教他们别的东西了。

后来，『举一隅不以三隅反』被简化引申为『举一反三』。

恻隐之心

【成语释义】

比喻对别人的不幸遭遇而引起的同情心。恻隐：对别人遭受不幸表示同情。

【典故出处】

《孟子·公孙丑上》。

【成语故事】

在同公孙丑的谈话中，孟子还提出了性善说。他认为，人性生来是善的，都具有仁、义、礼、智等天赋的道德意识。这是孟轲在儒家哲学中形成一个唯心主义理论体系的一个重要论点。

孟子认为，每个人都有怜悯别人的心情。比如，现在有人突然看到一个小孩子要跌到井里去了，任何人都会有惊骇同情的心情。并且还指出了这种同情心的产生过程。孟子说：『非所以内交于孺子之父母也，非所以要誉于乡党朋友也，非恶其声而然也。由是观之，无恻隐之心，非人也；无羞恶之心，非人也；无辞让之心，非人也；无是非之心，非人也。恻隐之心，仁之端也；羞恶之心，义之端也；辞让之心，礼之端也；是非之心，智之端也。人之有是四端也，犹其有四体也。』

这段话的意思是：这种同情心的产生，不是为了与这小孩的爹娘攀结交情，不是为了要在乡里朋友中博取名誉，也不是厌恶那小孩的哭声才有的。从这里看来，一个人，如若没有同情之心，就不是人了；如若没有羞耻之心，就不是人了；如若没有推让之心，就不是人了；如若没有是非之心，就不是人了。同情之心是仁的萌芽，羞耻之心是义的萌芽，推让之心是礼的萌芽，是非之心是智的萌芽。人之有这四种萌芽，就好比他有手足四肢一样，是自然生就的。

举棋不定

【成语释义】

比喻行事犹豫不定或处事不够果断。

【典故出处】

《左传·襄公二十五》。

【成语故事】

春秋时代，卫国的孙林父、宁殖是卫献公的两个主要辅政大臣。卫献公为人倨傲无礼、暴虐无道，他不仅得罪自己的嫡母定姜，还虐待近臣，更恣意羞辱孙文子、宁殖两位辅臣。后来，孙文子、宁殖发动政变将卫献公驱逐国外，另立卫殇公为君王。因此，卫献公只好逃难到了齐国。

十几年后，宁殖的儿子宁喜当了卫国的左相，而卫献公因为齐国的协助，就在夷仪定居并一直找机会复辟。卫献公派使者到卫国找宁喜商议，要求他拥戴卫献公回国复位，并以事成后就让宁喜独揽大权作为条件，宁喜虽犹豫但最后还是同意了。

孙文子听到后说：『唉！《诗经》上说：「我自身尚且不被见容，哪里还能顾到我的后代？」宁喜可说是不顾虑他后代的人。怎么能答应卫献公呢？君子行事要前后考虑周详，《诗经》上说：「凡事自始至终都能不苟且怠惰，秉持小心谨慎的态度，就不会让自己陷于困境。」又说：「要日夜勤奋不懈，专心一意地侍奉君王。」现在，宁喜看待国君复辟这件事的态度还不如下围棋的谨慎，他如何能免除灾祸呢？下棋的人拿着棋子却不知道该下在哪里，就不能够胜过对手，更何况是立国君这样重大的事情都无法下定决心？他一定避免不了灾难了。九代相传的卿族，如果一次就被灭掉，真的太可悲了！』

果然，卫献公回国的第二年，就自食其言，杀害了宁喜全族。

举足轻重

【成语释义】

只要脚移动一下，就会影响两边的轻重。指处于重要地位，一举一动都足以影响全局。

【典故出处】

《后汉书·窦融传》。

【成语故事】

东汉时期，朝廷中有一名武将，名为窦融。新莽末年，为将军，后来投降刘玄，担任张掖属国都尉。刘玄败亡以后，他联合酒泉、敦煌等五郡，割据河西，号称河西五郡大将军，势力很大。

汉光武帝刘秀取得政权后，中原的局势越来越稳定，窦融便想归附刘秀。于是他派长史刘钧携带珍宝拜见刘秀。刘秀很高兴地接受了请求，并封窦融为凉州牧，赏赐黄金二百斤，还给窦融写了一封信，分析了当时政治、军事形势，肯定窦融治理河西五郡的政绩。信中说，除朝廷和窦融之外，还有益州的公孙述和天水的隗嚣，他们都野心勃勃，想称王称霸。在此形势下，窦融的地位举足轻重，对统一全国起着关键作用。

窦融接到光武帝的信后，表示一心一意归顺朝廷。后来，他率兵协助朝廷，平定了隗嚣的叛乱，又灭掉了公孙述。因此，刘秀封他为安丰侯，让他担任大司空。

钩心斗角

【成语释义】

原是形容宫室建造的结构错综精密，后用来比喻各用心机，明争暗斗。

【典故出处】

唐代杜牧《樊川文集·阿房宫赋》。

【成语故事】

《阿房宫赋》一开头，就用夸张的手法写了阿房宫华丽、宏伟的建筑：

六王毕，四海一。蜀山兀，阿房出。覆压三百余里，隔离天日。骊山北构而西折，直走咸阳。二川溶溶，流入宫墙。五步一楼，十步一阁；廊腰缦回，檐牙高啄，各抱地势，钩心斗角。盘盘焉，囷囷焉，蜂房水涡，矗不知其几千万落……

毕：完结，这指六国的统治者灭亡了；兀：光秃，这里指山上的树木被砍光；骊山：在今陕西临潼东南；构：构造；二川：指渭川和樊川；溶溶：水势很大；檐牙：房檐的滴水瓦排列的像牙齿一般；心：宫室中心；角：檐角；囷（qūn）囷焉：曲折回旋的样子。

这段话的意思是：六国灭亡，天下统一。蜀川一带的山林被砍伐一空，拿来建成了阿房宫。它占了三百多里的地面，高大得遮住了天空中的太阳。从骊山开始向北造起，再往西折，直至咸阳。渭川、樊川浩浩荡荡地直流入宫墙。五步一楼，十步一阁。游廊如飘飞的绸带回绕，飞檐像鸟嘴仰起啄食。楼阁各自依照地势的高低筑成，宫室建筑的结构错综精巧。盘盘绕绕，回旋曲折，像蜂房那么密集，像水涡那么套连。宫殿高高耸立着，不知有几千座。

拾遗补阙

【成语释义】

旧指向皇帝进谏以纠正皇帝的过错，现多用来泛指弥补疏漏和过失。

【典故出处】

西汉司马迁《报任安书》。

【成语故事】

司马迁遭『李陵之祸』，受过宫刑，出狱后，又作了中书令，任安曾写信给他，要他利用在汉武帝身边任职的这种便利条件『推贤进士』。司马迁在这封回信里，怀着悲愤的心情指出他根本做不到这点。文中写道：

如今朝廷虽乏人，奈何令刀锯之余荐天下之豪俊哉！仆赖先人结业，得待罪辇毂下，二十余年矣。所以自惟，上之不能纳忠效信，有奇策才力之誉，自结明主；次之又不能拾遗补阙，招贤进能，显岩穴之士；外之不能备行伍，攻城野战，有斩将搴旗之功；下之不能积日累劳，取尊官厚禄，以为宗族交游光宠。四者无一遂，苟合取容，无所短长之效，可见于此矣。

刀锯之余：指受过刑的人，这里指司马迁自己；绪业：余业，指前人所遗留下来的未完成的事业；待罪：做官，自谦之词，辇（niǎn）毂（gǔ）：皇帝的车驾；辇毂下：指京城；遗：遗漏；阙：通『缺』，缺失；岩穴之士：指隐士；搴（qiān）：拔取；交游：这里指朋友；遂：成就；短长：这里指建树，成就。

这段话的意思是：如今朝廷虽说缺乏人才，可又怎能让我这个受过宫刑的人，去推荐天下的豪杰俊士呢？我是靠了父亲的余业，得以在京城皇帝身边任职，已经二十多年了。回顾以往，对上，既未能尽到忠信，也没有具有奇才异能的声誉，以取得明主的信任；对内，不能为皇上拾取遗漏、弥补缺失，推荐贤才和隐士；对外，不能参与军队攻城野战，取得斩将拔旗的功绩；对下，不能逐步地积累功劳，取得高官厚禄，为宗族、朋友增光。这四个方面，没一个方面有所成就，我只能苟且地迎合皇上的心意，以保持现在的职位，是不会有一点建树的，从这里就可以把事情看清楚了嘛！

独当一面

【成语释义】

比喻可以独立承担或领导一个方面的工作。当：担当。

【典故出处】

《史记·留侯世家》。

【成语故事】

留侯，即张良。他的祖先是韩国人。祖父张开地，先后担任过韩昭侯、宣惠王和襄王的丞相。父亲张平，担任过釐王和桓惠王的丞相。张平去世二十年之后，秦王灭亡了韩国。当时张良年轻，没有在韩国做过官。韩国灭亡以后，张良家里的财产相当富足，光是奴仆就有三百人。但是，他的兄弟死时，他不厚葬，而把全部家财变卖去访求刺客，谋刺秦始皇，为韩国报仇。

张良归附刘邦后，他是西汉王朝深明韬略、文武兼备、颇有政治远见的开国谋臣。楚汉相争期间，他建议刘邦争取黥布、彭越，笼络韩信，组成了一个对抗项羽的强大阵线，取得了战争主动权。在刘邦称帝后，群臣争功，人心浮动之时，他建议将曾经反对过刘邦，为刘邦最仇恨的雍齿封为侯，安定了人心，团结了众将领。刘邦的一些带战略性的行动，如采取正确步骤，进入关中；在进入汉中时火烧栈道，做出无意东归的假象，迷惑项羽等，都是根据张良的建议或得到张良的支持而决定的。刘邦多次处在危难之中，也都是采用张良的计谋，才走过来的。

比如说：在楚、汉战争比较激烈的公元前205年4月，汉王刘邦在彭城（今江苏徐州）被项羽打得大败，几乎全军覆没，刘邦的父亲太公和妻子吕雉被楚军俘虏。刘邦只带领着几十个骑兵逃到下邑（今安徽砀山县西），刘邦下马坐在马鞍上，曾哀叹地对张良说：『谁要是能帮助我败楚军，我愿意把关东地区封赏给他。』张良听了，便向汉王献策，说：『九江王黥布，楚枭将，与项羽有隙；彭越与齐王田荣反梁地，此两人可急使。而汉王之将独韩信可属大事，当一面。即欲捐之，捐之此三人，则楚可破也。』

黥布：原名英布，六县（今安徽六安北）人，因受过黥刑（脸上刺字），故称黥布；枭（xiāo）将：猛将；彭越：字仲，昌邑（今山东金乡县西北）人；梁地：指战国时魏国管辖的地区，国都在大梁（今河南开封市）。

这段话的意思是：九江王黥布，是楚军的猛将，与项羽有隔阂；彭越正和齐王田荣一起在梁地反击楚军，这两人眼下就可以使用。而汉王您的将领中只有韩信可以委任大事，独当一面。如果要舍弃关东地区，那就给这三个人，这样就可以把楚军打败。

汉王刘邦采纳了张良的建议，随即派人去游说九江王黥布反楚，又派人去联合彭越。后来魏王魏豹反叛，汉王便派韩信率军攻击，接连攻占了燕、代、齐、赵等项羽分封的诸侯国。最后就是靠了这三人的力量，打败了楚军。

根据这个故事，后来人们把『独韩信可属大事，当一面』简化为『独当一面』。

甚嚣尘上

【成语释义】

指反动派的狂妄叫嚣。嚣：喧闹；尘上：地上尘土飞扬起来。

【典故出处】

《左传·成公十六年》。

【成语故事】

公元前575年，晋楚两国的军队在鄢（yān）陵（春秋时郑国地名，今河南鄢陵县）打了一仗。打仗的那天早上，楚共王登上楼车观察了解晋军的动向，他一边望一边就望见的事物提出问题，跟在楚共王身后给他当顾问的太宰伯州犁就一一作出解答。

楚王问：『晋军那边为什么有的人骑着马左右奔跑？』

伯州犁答：『那是他们在召集军吏开会。』

楚王说：『军吏都聚集到司令部去了。』

伯州犁答：『这是去讨论作战计划。』

又观察了片刻，楚王发现晋军阵地上人声喧哗，尘土飞扬，于是再问伯州犁：『甚嚣，且尘上矣！』

意思是：你看那边人声喧闹得很厉害，而且尘土都飞扬起来了！

伯州犁解释说：『这是晋军在填井平灶，摆开阵势，准备作战了。』

结果这一仗以晋胜楚败而告终，从而结束了春秋中期晋楚两国争霸诸侯的局面。

后来，人们就根据这些记载把『甚嚣，且尘上矣』简化成『甚嚣尘上』。

点金成铁

【成语释义】

比喻把别人的好文章改坏了。

【典故出处】

冯梦龙《古今谭概·苦海部》。

【成语故事】

王籍是南北朝时候著名的诗人，在他写的五言诗《入若邪溪》中，有『蝉噪林愈静，鸟鸣山更幽』的佳句，曾轰动一时，传为绝唱。

这两句诗传到了宋朝，大文学家王安石虽说也很欣赏，但又总觉得不够理想，于是他便在自己写的《钟山绝句》中袭用了王籍的『鸟鸣山更幽』，并改成『一鸟不鸣山更幽』。改完之后，王安石自觉很得意。

又过了些时候，一天，他的诗友黄庭坚来访。诗友相见，很自然地又谈起了诗，而且越谈越高兴。王安石就让黄庭坚鉴赏自己的新作，并讲了自己改用王籍绝句的想法。黄庭坚将改句和原句仔细地作了比较，觉得改句远不如原句精辟。原绝句深刻地揭示了夏天山林中那种『噪』与『静』，『鸣』与『幽』看来是矛盾的，但又是统一的关系。夏日白天的山林，蝉声四起之时，也正是风声林涛最平静之时，此时的山林，比之相反的情景不就更寂静些了吗？鸟儿安然自鸣，说明没有人去惊扰它，这时的山林比之相反的情况也显得更有幽深之感！于是黄庭坚以言相讥，笑着对王安石说：『此点金成铁手也。』意思是：王安石啊，你这一改，真好比是点金成铁啦！

便宜行事

【成语释义】

比喻根据当时当地的实际情况，自己决定适当的处置办法，不必请示。便宜：适宜。

【典故出处】

《史记·萧相国世家》。

【成语故事】

项羽在垓下战败，乌江自刎后，刘邦基本平定了天下，便在公元前202年即皇帝位，定都洛阳。在此之后，有一天，刘邦在洛阳的南宫与群臣举行酒会，在讲到自己之所以能战胜项羽的原因时，曾提到『治理国家，安抚百姓，调运军粮，使运输路线畅通无阻，我不如萧何』。在刘邦的心目中，萧何的功绩，在群臣中数第一。因而刘邦在论功封赏时，萧何都是位列群臣之上。

萧何确实是一个有远见的政治家。在刘邦夺取和巩固政权的过程中，萧何始终是刘邦的重要谋臣和主要助手。当刘邦进入秦都咸阳的时候，众将领都争先打开府库，分取金银财物，唯有萧何首先进入宫室收取了秦王朝的文献档案，从而对全国的地形、户籍和物产情况有了全面的掌握。当项羽违背盟约，将刘邦的封地改在偏远的巴、蜀和汉中，楚、汉矛盾十分尖锐之际，萧何说服刘邦，暂作战略退却，以保存实力。在整个楚汉相争的五年中，萧何留守关中（古地区名，一般指函谷关以西，散关以东地区），为刘邦建设后方根据地，以大量兵员、物资源源不断地支援刘邦的作战，为西汉王朝的建立做出了卓越的贡献。对此，据《史记·萧相国世家》记载说：

汉王引兵东定三秦，何以丞相留收巴、蜀，镇抚谕告，使给军食。汉二年，汉王与诸侯击楚，何守关中，侍太子，治栎阳。为法令约束，立宗庙社稷宫室县邑，辄奏上，可，许以从事；即不及奏上，辄以便宜施行，上来以闻。关中事计户口转漕给军，汉王数失军遁去，何常兴关中卒，辄补缺。

三秦：指战国时秦国所占据的关中地区，秦朝灭亡后，项羽将这块地一分为三，封给了秦降将章邯等三人，故合称『三秦』；巴、蜀：古郡名，其辖区大致相当于现在的四川省；栎阳：古县名，治所在今陕西临潼东北，辄（zhé）：总是，每每；转：古时的陆地运输；漕：水上运输；遁：逃走。

这段话的意思是：公元前206年（汉王刘邦元年），汉王率领大军东进，平定了三秦，萧何作为丞相留守巴、蜀。他在那里，发布政令，安抚百姓，负责给前方军队供应粮食。汉王刘邦二年（公元前205年），刘邦率领各路诸侯讨伐项羽，萧何负责守卫关中地区，侍奉太子，治事于栎阳。在这期间，他制定法令、规章，建立宗庙、社稷、宫室、县邑，每每报告汉王，刘邦都同意他的做法。有的来不及报告，萧何也总是根据当时当地的情况，自己决定适当的处理办法，等汉王回来再报告。萧何在关中管理户籍，征集粮草，通过水运和陆运送给前方的军队。汉王多次战败，丧失军队，士卒逃散，只身逃走，萧何常常从关中征发士卒，补充汉王的军队。

后来，『辄以便宜施行』被引申为『便宜施行』或『便宜行事』。

按图索骥

【成语释义】

比喻不从实际出发，只知道生搬硬套书本知识；有时也比喻按照已有的线索寻找所需要的东西。

索：寻找；骥（jì）：好马。

【典故出处】

明朝人杨慎的《艺林伐山》。

【成语故事】

伯乐，本来是我国远古时候神话里天上的一个星名，是负责管理天上马匹的神灵。

到了春秋时秦穆公执政期间，有个叫孙阳的人，由于有了长期的实践经验，具有过人的识别马匹的能力，所以人们都叫他伯乐。时间久了，后来的人只知道他叫伯乐，就不再知道他原名孙阳了。

据说，伯乐年老的时候，曾将自己多年的相马知识和经验累积起来，总结在一起，写成一本书，名叫《相马经》。他还画了插图，配合文字勾画出了各种好马的形态。伯乐的儿子，很想把父亲这项专门技能继承下来，他就抱着《相马经》读得很熟，自以为学到了相马的本领，就按着书本上说的去找好马。由于他没有实际经验，又死搬硬套，不从实际出发，找了好些时候也没找到一匹好马，而且还闹出了一个笑话。《相马经》上说：『千里马额头隆起，双眼突出，蹄如垒起的酒药饼。』有一天，他按照这条要求去找马，在道旁见到一只癞蛤蟆，就用纸包起来，赶回家对父亲说：『我找到了一匹好马，长着和你书上说的差不多的额头和双眼，就是蹄子不是垒起的酒药饼。』

伯乐一听，本来很生气，但他知道儿子愚笨，就笑着说：『此马好跳，不堪御也。』意思是：你找到的这匹马好是好，就是爱跳，你是驾驭不了的！

根据这个故事，后来人们就概括出了『按图索骥』。

按兵不动

【成语释义】

多用来指停兵不前，也比喻对一件事情，因某种原因，或持观望态度，或对抗不做。

【典故出处】

《吕氏春秋·召类》。

【成语故事】

春秋时，晋国的赵简子为人刚毅沉勇，很有才略，经常奉命出使列国，或者统率军队去讨伐违抗的诸侯，为维护晋国的盟主地位立下了功劳。因此，他在朝廷中享有很高的威望，晋君对他也是信任有加。

卫国与晋国是邻国，由于曾经受到狄人的侵略，人口锐减，土地大量丧失，逐渐沦为一个弱小的国家；卫灵公才能不出众，没有什么贤能的名声，所以被迫与晋国结盟，长期以来听命进贡。

但是，卫灵公很有骨气，不甘心永远处在任人摆布的屈辱地位。公元前503年，灵公同齐景公在沙泽缔结了互助联盟，断绝了卫、晋两国的关系。卫国的叛变，使晋国君臣受到了很大的震动。赵简子立即调动军队，准备出兵袭击卫都帝丘（今河南濮阳西南），企图用武力迫使卫国就范。

赵简子在出兵前，找来一个叫史默的亲信对他说：『我听说卫君在国内排斥贤才，信用小人，估计已上下离心，国事日非。你要在一个月内把情况了解清楚，我等你回来报告后再出兵。』史默走后，赵简子命令全军将士加紧习武练兵，积极做好战斗的准备。可是一个多月很快过去了，史默却没有回来复命。这时有个谋士对赵简子说：『史默过期不归，可能被卫人擒拿。其实卫国是个小国，根本经不起晋军的攻击，只要我们渡过黄河，卫灵公会不战自降。请元帅赶快下令出兵吧！』

赵简子摇摇头说：『卫灵公敢于断然同晋绝交，一定事先做好了充分的准备，我们决不可掉以轻心。史默为人一向思虑深远，他没有如期归来，可能是发现了什么预料不到的情况，需要进一步打听。出兵之事，等他回来再说吧！』

过了很久，史默回来了，他讲述了卫国的近况：『卫灵公现在任用忠臣，废黜奸臣，深得民心。为了激起国人的愤怒，卫灵公宣布：「晋人已经命令我国，凡有姐妹女儿的人家，都要抽调一个去当人质。」他还抽调一批宗室大夫的子女，准备送往晋国。卫国的百姓听了，怒吼道：「让晋国来吧！我们一定要把他们打回去。」卫国现在贤臣很多，民气可用，想用武力使它屈服，可能要付出很大的代价。元帅当三思而行啊！」

赵简子听了，立即下令三军按兵不动。他还向晋君面奏，将袭击卫国的计划取消了。

适得其反

【成语释义】

比喻结果与愿望相反。适：正，恰好；其反：主观愿望的反面。

【典故出处】

《列子·说符》。

【成语故事】

春秋末年，晋国有个卿士叫赵鞅，又称赵简子，他曾被人认为是不涂害生灵的慈善家。每逢元旦，邯郸一带的老百姓都要给他献上一笼笼活蹦乱跳的斑鸠，赵简子高兴地拿金银重重地赏赐这些献鸠的人。

有一年，一位客人来到赵简子家，看见后不解地问赵简子：「要这么多斑鸠做什么用？」赵简子洋洋自得地夸耀说：「你还不知道吗？要爱惜生灵啊！每逢元旦，我都要放生，以表示我对生灵的慈爱。」

客人听了，不仅不表示对他的敬佩，反而严肃地给他指出：「您这样做名为放生，实为害生，貌似慈善，实为残忍。您想想看，老百姓知道您要放生，献鸠能得到厚赏，大家都去捕捉斑鸠，捉到活的固然不少，打死的也一定很多。如果，您真的要爱惜生灵，就下令禁止捕捉。如若不然，像您这样捉了又放，放了再捉，您的恩德还抵不上您的罪过。」

听了客人的一席话，赵简子频频点头，连声说：『对啊，对啊！』

养虎遗患

【成语释义】

比喻姑息宽容坏人坏事，将会招来更大的祸害。

【典故出处】

《史记·项羽本纪》。

【成语故事】

秦王朝在强大的农民起义的冲击下，终于在公元前206年被推倒了，接着项羽和刘邦就开始了争夺胜利果实的楚汉相争。开头两年，刘项双方频频交兵，虽说各有胜负，但总的趋势是项羽损兵失地多，内部也众叛亲离，正在由强变弱，日子很不好过。正在这个时候，统领梁地（即战国时为魏国所有的那一片土地）的彭越归顺刘邦后，又不断袭扰项羽的军队，截断楚军运送粮食的通道；被刘邦封为齐王的韩信，也从山东出兵夹击楚军。项羽有些害怕了，自知难以打败刘邦，就与刘邦约定，以古时的一条运河鸿沟（今河南荥阳市贾鲁河）为界线，从中间把天下一分为二：刘邦管理鸿沟以西的地方，自己管理以东的地方。

谈判成功，双方订约，保证互不侵犯以后，项羽就领兵东归。刘邦也很满意地准备撤兵回到关中去。这时刘邦的谋臣张良、陈平就劝刘邦说：『楚兵疲食尽，此天亡楚之时也，不如因其机而遂取之。今释弗击，此所谓「养虎自遗患」也。』意思是：如今你已经夺取了天下三分之二的土地，诸侯又都愿意归服你。而项羽呢？已经是兵疲粮尽，正是衰亡的时候。如果不抓住这个时机追击他，那就叫作『养老虎自留后患』了。

刘邦采纳了张良、陈平的意见，把一纸空文扔在一边，当即发兵北上，追击项羽，结果刘邦大胜，项羽被迫自刎于乌江。

根据这个故事，后来人们就把『养虎自遗患』简化成『养虎遗患』。

城门失火，殃及池鱼

【成语释义】

城门失火，大家都到护城河取水，水用完了，鱼也死了。比喻无辜被连累而遭受灾祸。殃：灾祸；池：护城河。

【典故出处】

北齐杜弼的《为东魏檄梁文》。

【成语故事】

从前，有个地方，城门下面有个池塘，一群鱼儿在里边快乐地游着。突然，城门着了火，一条鱼儿看见了大叫说：『不好了，城门失火了，快跑吧！』

但是其他鱼儿都不以为然，认为城门失火，离池塘很远，用不着大惊小怪。除了那条鱼儿之外，其他鱼都没有逃走。这时，人们拿着装水的东西来池塘取水救火。过了一会儿，火被扑灭了，而池塘的水也被取干了，满池的鱼都遭了殃。

城下之盟

【成语释义】

比喻敌兵临城下，而被迫屈辱求和。盟：古代诸侯在神前立誓缔约，这里指订和约。

【典故出处】

《左传·桓公十二年》。

【成语故事】

公元前700年，实力强大的楚国去攻打绞国，楚军包围了绞国京城的南门。楚国的大夫莫敖就献计说：『绞小而轻，轻则寡谋，请无扞（hàn）采樵者以诱之。』意思是：绞国是个小国，会用兵打仗的人不会很多，为了麻痹他们，我们对砍柴的人不设保卫，以此引诱他们出来。楚军按照莫敖的计谋，选派一些人上山砍柴，并且故意不派人保护。

绞国人果然中了计，派人从北门出去追捕，一直追了很远。楚军便趁机悄悄开到北门，截断绞军回归的道路，并在山下暗设埋伏。最后由于腹背受敌，绞军大败，并被迫在城下订了丧权辱国的和约。从此绞国就做了楚国的附庸国。

根据这个故事，后来人们就引出了『城下之盟』。

挥汗成雨

【成语释义】

形容人多。用手抹汗，汗洒下去就跟下雨一样，也形容出汗多。挥：洒，泼。

【典故出处】

《战国策·齐策一》。

【成语故事】

战国时期，说客苏秦到齐国游说齐宣王联合抗秦。他对齐宣王说道：『临淄有七万户人家，每家可以出了三个男人当兵，地方很富足，街上人很多，众人把衣袖举起来像帐幕，每人挥一把汗，简直像下雨一样，有这样的实力难道还要屈服于秦国？以您的贤德，加上齐国的强大，天下人没有能够和您为敌的。可是，您现在竟屈服于秦国，我真替您感到羞耻。』

接着，苏秦又进一步分析了当时各国的形势。齐宣王为他的言语所动，表示愿意参加『合纵』的阵营。

十画

班门弄斧

【成语释义】

嘲讽那些在行家面前卖弄自己拙技的人，是不自量。有时也是自谦之词，表示不敢在行家面前显示自己的本事。

【典故出处】

明代梅之涣《题李白墓》诗。

【成语故事】

唐代著名诗人李白，于安史之乱的末年，漫游到了安徽，在贫病交加中，来到当涂（今安徽当涂县）投奔了在那里当县令的族叔李阳冰。就在这年十一月，便与世长辞，终年六十二岁。他在临终时，还以大鹏作自比，写下了一首《临终歌》：

大鹏飞兮振八裔，中天摧兮力不济。

馀风激兮万世，游扶桑兮挂左袂。

后人得之传此，仲尼亡兮谁为出涕。

扶桑：传说中的神树，长于日出之地；仲尼出涕：指传说中的故事，孔子见鲁人猎获麒麟，为这种圣兽被困而流泪。

诗的大意是：大鹏展翅飞向四面八方，在半天中力气已经耗尽。可它的余风将长存万世，在游览至扶桑之地时，左袖曾挂在这株大树上。唉，孔子早已去世了，后代人即使知道今天大鹏的摧折，又将有谁为之落泪呢？

李白去世后，即安葬在当涂县采石的龙山东麓。后来，又过了五十余年，直到唐宪宗元和十二年（817年）正月，才按照李白生前的遗言，将李白的棺木迁葬于当涂东南的青山之阳。

到了明朝万历年间，有一位名叫梅之涣的进士，去采石凭吊李白墓。他看见有些文理不通、硬要附庸风雅的游人，在李白墓上胡诌乱写地题上了自己拙劣的诗句，感到十分可笑，便写了这首《题李白墓》七言诗，来讥讽这类游人。全诗共四句：

采石江边一堆土，李白之名高千古；

来来往往一首诗，鲁班门前弄大斧。

采石：指采石矶这个地方，在当涂县牛渚山下，一块突入江中的大石头；鲁班：即公输班，春秋战国之际鲁国人，他是一个善于精制器具的能手，是我国古代著名的建筑工匠，被奉为木工行业的祖师。

诗的大意是：采石矶这个地方有一个坟墓，那里安葬着名垂千古的大诗人李白。多少年来，来来往往的好些自命不凡的人，都到这里来题上一首诗，这就像在鲁班门前卖弄大斧一样，太不自量了！

后来，从『鲁班门前弄大斧』引出了『班门弄斧』。

捕风捉影

【成语释义】

比喻说话做事没有确切的事实根据，或无事生非。

【典故出处】

《汉书·郊祀志下》。

【成语故事】

西汉成帝时，谷永担任过光禄大夫、大司农等职。汉成帝二十岁做皇帝，到四十多岁还没有孩子。他听信方士的话，热衷于祭祀鬼神。许多向汉成帝上书谈论祭祀鬼神或谈论仙道的人，都轻而易举地得到高官厚禄。成帝听信他们的话，在长安郊外的上林苑大搞祭祀，祈求上天赐福，花了很大的费用，但并没有什么效验。

谷永向汉成帝上书说：『我听说对于明了天地本性的人，不可能用神怪去迷惑他；懂得世上万物之理的人，不可能受行为不正的人蒙蔽。现在有些人大谈神仙鬼怪，宣扬祭祀的方法，还说什么世上有仙人，服不死的药，寿高得像南山一样。听他们的说话，满耳都是美好的景象，好像马上就能遇见神仙一样；可是，你要寻找它，却虚无缥缈，好像要缚住风、捉住影子一样不可能得到。所以古代贤明的君王不听这些话，圣人绝对不说这种话。』

谷永又举例说：『周代史官苌弘想要用祭祀鬼神的办法帮助周灵王，让天下诸侯来朝会，可是周王室更加衰败，诸侯反叛的更多；楚怀王隆重祭祀鬼神，求神灵保佑打退秦国军队，结果他打败了，土地被秦削割，自己做了俘虏；秦始皇统一天下后，派徐福率童男童女下海求仙采药，结果一去不回，遭到天下人的怨恨。』

最后，谷永说道：『从古到今，帝王们凭着尊贵的地位、众多的财物，寻遍天下去求神灵、仙人，经过了多少岁月，却没有丝毫应验。希望您不要再让那些行为不正的人干预朝廷的事。』

汉成帝认为谷水说得很有道理，接受了他的意见。

剜肉补疮

【成语释义】

比喻只顾眼前应急，不顾日后的困苦或后果。剜（wān）：用力挖取。

【典故出处】

唐代聂夷中《咏田家》诗。

【成语故事】

聂夷中，字坦之，唐时河东（今山西永济市）人。他出身贫穷，自幼参加农业劳动，对劳动群众的疾苦深有体会。后来中进士，曾任过华阳县尉。生活一向简朴，比较了解人民的生活，特别是对于农民由于生活所迫，受到各种形式的高利贷的盘剥深为同情，因而写下了《咏田家》诗，诉说农家受租税盘剥之苦。

全诗共八句：

二月卖新丝，五月粜新谷。医得眼前疮，剜却心头肉。

我愿君王心，化作光明烛。不照绮罗筵，只照逃亡屋。

粜（tiào）：卖粮食；剜却：挖掉；君王：皇帝；绮（qǐ）罗筵：豪华的宴会；逃亡屋：逃亡农民抛下的屋子。

诗的大意是：农家为了抵债，早在二月间没有孵蚕，就把新丝绸卖给人家了；五月里还刚插秧，却又不得不卖掉未上场的新谷。这些，都好似为了医治眼前的脓疮，而不得不挖下一块块完好的心头肉。我真希望皇上有一副好心肠，能把那一支支照明的蜡烛，不再只照耀广厦中那豪华的宴会，多照照逃亡流浪农家遗下的破房子吧。

后来，人们便把『医得眼前疮，剜却心头肉』简化引申为『剜肉补疮』或『剜肉医疮』。

粉身碎骨

【成语释义】

比喻为了某种目的而牺牲生命。

【典故出处】

明代于谦《咏石灰》其三。

【成语故事】

于谦，字廷益，明时浙江钱塘（今浙江杭州市）人。他是明朝时候著名的民族英雄，杰出的政治家和军事家；同时，又是一位诗人。他的不少诗篇，都是直接抒发自己的豪情壮志、高尚节操和坚定意志的。在一首《无题》诗里，他对坚守『名节』的志士仁人，表示了无比的热爱；对贪图利欲的人则十分憎恶。

这首诗共十四句，前四句是：

名节重泰山，利欲轻鸿毛。

所以古志士，终身甘缊袍。

名节：名誉和气节；缊袍：旧棉衣。

这四句诗的大意是：一个人的名节重于泰山，贪财图利则比鸿毛轻。正因为这样，所以自古以来一切有志之士，甘愿终身受穷，也要以节操自持。

这首诗表达了于谦做人行事的『座右铭』：鄙弃利欲，坚守高尚的道德情操。这在他的其他诗歌里也是屡有所见。据说他写《咏石灰》这首千古绝唱的时候，年仅十二岁（一说年十七岁）。诗中他发誓，哪怕『烈火焚烧』『粉身碎骨』，也要把清白的一生留在人间。这首诗共四句：

千锤万凿出深山，烈火焚烧若等闲。

粉骨碎身浑不怕，要留清白在人间。

锤：锤打；凿：开采；若等闲：没有什么了不得；浑不怕：全不在意；清白：同『青白』，石灰的颜色，实指高尚的节操。

诗的大意是：人们在深山里锤打钻凿地把山石开采出来作为烧石灰的原料，为了烧成石灰，山石经受烈火的焚烧也没有什么了不得的。只要能把青白的颜色留在世界上，就是自己被搞得粉碎也全不在意。

根据这首诗，后来人们便把『粉骨碎身浑不怕，要留清白在人间』简化为『粉身碎骨』。

豺狼当道

【成语释义】

比喻坏人当权。当道：横在路中间。

【典故出处】

《汉书·孙宝传》：『豺狼横道，不宜复问狐狸。』

【成语故事】

胡铨写的《好事近·富贵本无心》词，还有这样一个故事：胡铨在南宋高宗年间任枢密院编修官。在朝中，他是抗金派，坚决反对向金国侵略者求和。他不顾个人安危，直接向高宗上疏，请诛投降派头目王伦、秦桧、孙近。被王伦等陷害，先被贬福州（今福建福州市）去做签判小吏，后又被押送到新州（今广东新兴）管押。胡铨在新州，虽然失去人身自由，但并不屈服，始终坚持抗金爱国的立场。同时，对于卖国求荣的奸党当道，十分愤慨，挥笔写下了《好事近·富贵本无心》以抒发自己内心的悲愤：

富贵本无心，何事故乡轻别？空使猿惊鹤怨，误薜萝秋月。

囊锥刚要出头来，不道甚时节。欲驾巾车归去，有豺狼当辙。

这首词很快就流传出去了，朝廷中的抗金派和老百姓很欢迎，投降派却十分痛恨，他们借此再度陷害胡铨，说胡铨词中所写的『豺狼当辙』指的就是皇上及有功重臣『当了道』。高宗又一次把胡铨发配到更荒僻的海南岛充军。直到秦桧死后，胡铨才重回京都。

笑里藏刀

【成语释义】

比喻表面和善，骨子里却阴险毒辣。

【典故出处】

《新唐书·李义府传》。

【成语故事】

《新唐书》是一部纪传体的唐代史，是北宋著名文学家欧阳修和宋祁在《旧唐书》的基础上重新编写的。它对唐代历史的研究有一定的史料价值。

据《新唐书·李义府传》载：李义府是唐朝时候饶阳（今河北饶阳）人。唐高宗时，他与许敬宗一起请立武则天为皇后，皇上对他很信任，一年后便提升他做了宰相。平时，『义府貌柔恭，与人言，嬉怡微笑；而阴贼褊忌著于心，凡忤意者皆中伤之，时号义府「笑中刀」』。

柔恭：温柔恭顺；嬉怡：嬉戏和悦；阴贼：阴险毒辣；褊（biǎn）忌：度量狭窄，猜忌人；忤（wǔ）：逆，违背；中伤：诬蔑别人使受损害。

这段话的意思是：李义府这个人表面上对人很忠厚和善，说话总是带着微笑，其实内心却很狡诈。只要违背了他的意愿，他都要给以打击、陷害。当时的人都暗地里叫李义府是『笑中刀』。

据说，有一次，有一个妇女犯法坐了牢。李义府听说她长得漂亮，就要狱吏毕正义免了她的罪，自己便霸占了这个妇女。后来，有人不了解事情的真相，便告发了毕正义，李义府却假装不知道，十分恼怒，逼迫毕正义自杀了事。过了不久，又有个地方官出来揭发要求查清这件事，李义府便在背后说这个地方官的坏话，地方官很快地就被罢了官。

人们通过这一件件事实，逐渐看清了李义府的本质，他那『笑中刀』的绰号也越传越广。

徒劳无功

【成语释义】

比喻白费了力气，没有一点成果或好处。徒：徒然，白白地；无功：没有一点成就或好处。

【典故出处】

《庄子·天运》。

【成语故事】

有一次，孔丘准备离开鲁国到卫国去。他的学生颜回，跑去问鲁国的一个叫师金的官员：『我的老师到列国去游说，劝别人接受他的主张，可就是没有人理解，这次到卫国去，你看看情况会怎么样？』

『还是不行啊！』师金摇着头说：『这就好比船是水上最好的交通工具，车是陆地上最好的交通工具，但是如果以为船能在水上畅行无阻，就把它用到陆地上来，那是走不多远的。孔丘想把过去的东西拿到现在来用，他就是不了解今天对于古时已经发生了很大变化，「是犹推舟于陆也，劳而无功」。』意思是：这就是硬要把船推到陆地上，只会是白费力气，不会有什么成果的。

根据这个故事，后来人们便引出了『徒劳无功』或『徒劳无益』。